软文营销

实战宝典

高连兴　韩玉明　著

中国财富出版社

图书在版编目（CIP）数据

软文营销实战宝典/高连兴，韩玉明著．—北京：中国财富出版社，2016.7
ISBN 978-7-5047-6171-2

Ⅰ．①软…　Ⅱ．①高…②韩…　Ⅲ．①市场营销学　Ⅳ．①F713.50

中国版本图书馆CIP数据核字（2016）第138101号

策划编辑　丰　虹　　责任编辑　丰　虹
责任印制　方朋远　　责任校对　杨小静　张营营　　责任发行　邢有涛

出版发行　中国财富出版社
社　　址　北京市丰台区南四环西路188号5区20楼　　邮政编码　100070
电　　话　010-52227568（发行部）　010-52227588转307（总编室）
　　　　　010-68589540（读者服务部）　010-52227588转305（质检部）
网　　址　http：//www.cfpress.com.cn
经　　销　新华书店
印　　刷　北京京都六环印刷厂
书　　号　ISBN 978-7-5047-6171-2/F·2610
开　　本　710mm×1000mm　1/16　　版　　次　2016年7月第1版
印　　张　14.75　　印　　次　2016年7月第1次印刷
字　　数　219千字　　定　　价　38.00元

前　言

这是一个互联网自媒体时代，微信、微博、论坛、博客等社交网络平台都能成为个人的传播方式，信息以指数爆炸的形式在传播上瞬间裂变，个人的话语不再是一已之言，而可能是一呼百应，使个人成为众人的意见领袖，这种传播的影响力让很多人震撼。

在这种情况下，人们的生活方式和消费方式在很大程度上被改变了。相对来说，以前的广告植入较“硬”，如电视广告、报纸杂志、路牌、灯箱等，让人一看就知道“哦，这不就是广告嘛”。这样的硬广告充斥在人们的生活中，难免让人产生审美疲劳，甚至认为广告上所说的就是夸大其词，不够真实可信。而互联网自媒体时代的到来，给这种硬广告带来了巨大的冲击，人们越来越重视软广告的植入，例如在电影中植入广告，在事件中营销品牌，在网络上做百度竞价，等等。其中，具有沉淀效应、品牌宣传、成本低等优点的软文营销最受人们的重视。

有没有想过订阅大号的推送软文，一篇能要价 10 万元？而且订阅号的粉丝群超过 10 万就能以粉丝数的叠加量计算推广费用？反观多年以前，软文最大的成本就是发布平台，特别是纸媒上以栏目或新闻形式推广的软文，要价非常高。但是，随着移动互联网时代的到来，发布平台的成本不仅低甚至已经降到了零门槛，这时候真正具有商业价值的是能写好软文的人。这个人，不仅要写得一手好软文，还要在网络上拥有庞大的粉丝群，具有号召力，是一位不折不扣的意见领袖。在过去的平面媒体时代，软文营销的操作难度相对较大，而在生活方式已经发生巨大变化的今天，意见领袖说的一句话，甚至能比一个团体、一个组织说的十句话更具有说服力。因此，今天的企业要想做好软文营销，就不得不放宽思路，知己知彼，既要知道传统软文的营销模式，又要清楚软文在网络上的营销方式，掌握了十八般武艺，才能见招拆招，无往不利。

为了让更多的企业和软文撰写者掌握软文营销这一技能，笔者把从业多年的经验和市场数据调查获得的结论总结分享出来，建立了软文营销的架构体系，软文撰写者可以通过这个架构体系摸清软文的脉络，无论是新入软文行业的“小鲜肉”，还是想寻求突破的“老腊肉”，都能从书中获得很大的启发。本书可以说是从零开始，由易到难，告诉读者怎么从标题开始写好一篇软文，怎样在实际行业中采取正确的方式或体裁写作软文，怎样做好正确的网络营销。同时让读者了解到软文写作应该避开的各种雷区，知道怎样写一篇化腐朽为神奇的软广告。还能学习掌握实践操作性很强的营销策略，诸如品牌营销、互动营销和整合营销，并且每一个营销概念都会有具体分析的经典事例，绝不会枯燥地只讲理论和数据……希望能够为软文撰写者打开智慧之门。

在这个充满挑战和机遇的时代，笔者相信与其渴望有“拼爹”的运气，不如让自己有过人的才干，因为真才实干才是人生走得高走得远的垫脚石。在一个不断变幻着的信息时代，人们不但要勤奋好学，还要勇于创新，既要总结过去的营销理念，又要深刻了解现在的网络营销手段，这样才能百战百胜，帮助企业甚至个人建立和提升品牌的影响力。

阅读本书时，笔者建议软文行业中的“老腊肉”可以根据自身情况有选择性地阅读，对自己做一个全面的分析和总结；而作为行业内的“小鲜肉”，笔者则觉得可以从头到尾阶段性地学习，若是遇到一下子难以理解的地方，可以先放下书，实战操练一番之后，再总结经验，然后再回过头看书，就会有柳暗花明般的启发。

作　者

2016 年 4 月

目　录

第一章

新兵训练营——揭开软文的神秘面纱

“软文也是文”，也需要从业者去钻研，希望大家能够不断学习，提高自己的软文撰写水平。从业者千万不要小视这个行业，要用“管锥精神”来要求自己的专业水平。“以管窥天，所窥者大，所见者小；以锥插地，所刺者巨，所中者小。”说软文大，其几乎横跨了所有文体；说软文小，其仅为营销而生。作为软文的生产者，学习是为了创新与创造，而不要仅仅满足于做软文的搬运工。

第一节　熟悉营销大军的新兵种——软文

什么是软文

很多人在刚看到“软文”两个字的时候，会百思不得其解——文章竟然会分硬和软？或者，更多人会带着不屑去理解“软文”的意思，那不就是写写文章嘛！

其实，同样起到营销推广作用的软文，相对于硬广告，并没有那么明显地在文章里面推销产品，不会直接在文章中提及产品的功效作用，有的甚至不会简单地写出产品的名字，而是诱导目标消费者自己去关注和搜索相关产品内容。如果一篇软文能做到卖了广告，而令人不觉却又念念不忘的话，那么这就是一篇好的软文。因此，简简单单地把软文理解为写写文章，是无法理解到软文中“软”字的精妙之处的。

一般企业需要推广产品，就会由市场策划或广告文案人员集思广益，撰写出该产品的广告文章。如果他们在策划上有着足够的专业度与灵活性，他们写出的文章不仅能把要宣传的内容与文章故事结合在一起，还能让目标客户足够了解产品所要宣传的内容。如此一来，客户就能在轻松的阅读过程中，双向地获得他需要的内容与产品宣传的内容。

要想写出一篇好的软文，就不能没有专业的训练，特别在如今这个移动互联网时代，没有一定的互联网思维，是不能紧跟时代的潮流，抓住目标客户，达到营销效果的。一篇真正意义上好的软文，能在一定范围内，起到二次、三次甚至更多次的传播功效，而且通过目标客户群的建立，做到口碑营销。到了那个时候，再好的广告文案也会显得软弱无力，而从口碑上赢得客户，就会让他们迅速成为产品甚至企业的“粉丝”，通过口口相传，给你带来无穷的收益。

软文，绝不是一篇产品广告文章这么简单，它是一把双刃剑，用得好深入人心，用得不好驱赶客户。功力不足的软文，打出的招式就像姑娘的绣花拳头，不仅有气无力，还有分分钟惹人嫌恶的危险。功力深厚的软文，使出了招式，便能做到于无形中拳拳到肉，还叫人意犹未尽。而一篇经过千锤百炼的软文，比那些多如繁星的浅植入软文，要来得“药力强劲”，而且不用像打游击战般，这里打一枪那里发一弹，只要找准了平台，双管齐下，就没有拿不下的胜利。这样的软文大战，不仅省时还省力。

业内人士一般把效果不明显的软文称为“浅植入”，把优秀的软文称为“深植入”。下面通过两个案例，来理解软文是什么，以及什么是“浅植入”，什么是“深植入”。

从宅女到女神的转变

以前，我是一个彻彻底底的宅女，除了上班就是回到家中宅着，做一个大门不出二门不迈的“深宫娘娘”。有一段时间，我曾经待业家中，连续一个月都没有出门，肚子饿了，就打个电话叫外卖，要不干脆就“来一桶”。其实，作为一个二八年华的年轻女孩，我也想出门谈谈恋爱，或者跟闺蜜们一起逛街购物玩通宵，可是我有着深深的自卑感，因为我脸上长满了痘痘，令我的脸蛋就像月球表面一样坑坑洼洼。五官本来不错的我，却被这些可恶的痘痘掩盖住了本来的美丽，没有一个男孩子愿意认识我。后来，一次面试中，名牌大学毕业的我本来在其中游刃有余，可是一转身就听到 HR（人力资源）说，一个连脸上的痘痘都控制不住的人，还有什么能力来处理其他问题。听完这样的评论，我下定了决心，一定要改变自己，一定要让别人对我另眼相看。于是，我去药店专柜咨询医师，找到了“××牌祛痘霜”，在连续使用了两个疗程之后，我脸上的痘痘奇迹般地消失了。现在的我，自信又美丽，不仅有着稳定的工作，还找到了一个疼我爱我的男友。

在这个案例中，撰稿人直接在文章中提到了“××牌”的祛痘霜，尽管在文章里铺垫了一个励志故事，并且抓住了受众想变美的心理，但是过于直白的述说，如“使用了两个疗程之后，我脸上的痘痘奇迹般地消失了”，让人一看就知道是一篇推销产品的广告。这样的软文，不仅起不到二次传播的效果，还会让读者感到厌烦，因为这样的文章浪费了他们宝贵的阅读时间。

杭州19楼网站非常经典的营销案例

在这个网站上，曾经出现一个帖子，是一位年轻漂亮的女孩发布的。她在帖子里面宣称，自己非常喜欢杭州这个城市，而且对自己一直生活的地方产生了厌倦，于是询问杭州网友们：辞职来杭州工作合适吗？帖子一发出，不少杭州本地网友表示一致的欢迎。很快，这位女孩就在帖子上说自己已经到了杭州，可是钱带得不多，询问网友在哪里租房子合适。杭州的网友看到这位漂亮的女孩就因为喜欢自己的家乡，抛弃了原来的生活，只身一人来到这里闯荡，自然表示了很大的关心，他们马上纷纷留言推荐哪里租住的地方性价比高。过了不久，女孩发帖来感谢诸多网友的关心，并告诉他们，自己已经找到了住的地方，房东也很好相处，非常感谢大家的关心。

正当各位网友以为这位女孩要关帖，迎接美好生活的时候，这位女孩又发出了询问的帖子。她说这些天发现自己跟房东生活习惯大不相同，相处得不好，寻思着要搬走，可是工作还没有着落，带来的钱用得差不多了，就问大家要不要逃租。最糟糕的是，在帖子发出一天之后，女孩竟然又发帖说自己遇到了大麻烦，原来她出去找房子的时候，忘了关窗户，又遇到杭州的暴雨天，大雨灌进了屋内，把地板全淹了，这下房东要找穷得叮当响的女孩赔钱。女孩说要是不赔偿，自己就不能走，山穷水尽的她不知道如何是好。一个女孩在一个陌生地方，竟然遭遇一系列的状况，令跟帖的许多网友无比揪心，纷纷表示要帮助女孩，就连管理员也多次将帖子全站置顶，使得女孩的帖子成为站内的热帖，人气居高不下。正当众人等待着女孩的答复的时候，女孩竟然说出了一个出乎大家意料的结局：她说等到雨停之后，房子的水也退了下去，房东发现地板竟然一点渗漏痕迹都没有！诸位跟帖网友在放下对女孩的焦虑后，纷纷站内私信她：你家房东用的是什么牌子的地板？

看到这里，想必大家都明白，这是一个别有用心的软文策划事件。其实，一篇好的软文，就需要像这篇帖子一样，在制造亮点的同时，也能制造出话题性和冲突点，能够引起一定范围内的人们的互动热情和持续关注度，甚至引发别人的共鸣。对于企业来说，能制造人气热度的软文，就是品牌的宣传效应。

为什么要有软文这个兵种

营销策略有很多种，在现在的互联网大数据时代，软文的存在就是一种强有力的营销手段。

软文能够推广企业品牌，满足企业线上线下的媒体宣传需要。相对于电视、报纸杂志、户外投放等宣传手法，企业性的软文具有一定的时速性，能够在网络上迅速传播开来，直达目标客户群。

诚然，硬广告曾经一度辉煌过。一个好的硬广告文案能在一代人心中留下难以磨灭的时代记忆，例如某个手表广告中的广告语“不在乎天长地久，只在乎曾经拥有”，就能引领当时的语言潮流，让人们在嬉笑怒骂中“引经据典”。

不过，随着时代的变化，更多的硬广告不思进取，就像一个喋喋不休的老者，在客户面前絮叨着过去的辉煌战绩，令客户不痛不痒。若是好心的客户还能按着分量，分出一小块的蛋糕；若是没有耐性的客户，受不了连番轰炸，马上就会拂袖而去。

软文的出现，就好比连日来吃着韧皮牛肉的客户，一下子看到了鲜嫩的海鲜。这海鲜不光卖相好，吃起来还鲜嫩多汁，回头客特别多。遇到这样的佳肴，又怎么能放过呢？

就好比厨师煮了一桌大餐，最期待的就是食客的赞赏。无论是点赞还是差评，一个真正的企业，就需要像厨师一样，能期待着客户给出最真实的反馈。若是没有一点反馈，情况往往比获得差评还要糟糕——你都无法获得价值青睐，凭什么在市场上与竞争对手华山论剑？企业软文的优势，很重要的一点，就是能像一张调查问卷，让客户针对产品或服务说话，直截了当地写出自己的体验，好让企业针对客户的痛点进行改善。

企业在宣传方向上有很多方面，如社会慈善行为、新产品上线计划、企业新增荣誉、企业文化理念、客户成功下单案例等。如果生硬地搬出来，就无法让客户接受。企业需要从人性化的角度去对待客户的需要，告诉他们结果的收益，让服务从细节处体现出来。而企业软文就能起到这样的作用，软文有着真材实料的干货，在优秀的撰文人的生花妙笔之下，客户就能品尝到其中的“美味佳肴”。

1. 软文营销的优势

如今，广告铺天盖地，人们对于硬广告的排斥心理越来越强烈，软文对于商品宣传的拉动力和优势也就越来越大。人们在享受各种媒体带来的方便的同时，不知不觉地也开始接受软文这种新型的广告宣传和营销方式。

软文这种形同广告却胜于广告的宣传模式，犹如武功绝学里的太极拳，以柔克刚，以德服人。它不再像普通广告一样长驱直入，而是迂回婉转，把自己的受众当作朋友，站在他们的角度，考虑他们的审美与消费，以柔和的手法让他们不自觉地“心神往之”。越来越多的公司企业开始重视软文的操作，大量的市场经验也表明了软文在树立品牌、打响知名度、塑造商品形象、传播概念以及推广商品方面有着不可取代的作用。

众所周知，软文营销的优势有以下几点。

（1）软文隐藏很深

传统的一些广告推广，因为近几年来的泛滥，让大多数用户都产生了抵触情绪，比如电视购物等，这样的广告信息会让用户产生更多的信任危机。而软文则很好地避免了这种只有流量没有产量的广告方式，它把硬性广告进行“软”化，让用户在浏览文章的同时无声无息地接收广告信息，很好地把广告隐藏在了厚实的文章内容之中，让用户更易于也乐于去接纳广告信息。

（2）软文引领时尚

近期的一组数据表明，我国的网民数量又开始急剧增加，达到了2.53亿，而通过各种媒体，例如报纸、电视、网络来浏览新闻的人达到了2.06亿，这样大的一个受众面，很容易就刮起一阵消费潮，软文一次次在舆论的风口浪尖引领时尚。

一篇好的文章会在各大门户网站间进行转载，又因为这种门户网站的权威性，所以读者就会呈指数性地增长，这种自发的宣传，是建立在好的软文的基础上的，潜在的客户需要高质量的软文去发掘。江礼坤①的软文推广就是一个非常好的例子。

这是我们现在经常提到的一种粉丝经济，近几年的粉丝电影所拉动的票房已经让人震惊，粉丝经济也开始暗潮涌动。好的企业可以通过软文“造神”，通过各个社交网站集聚一定的团体，这样的社群会自觉不自觉地发表一些专业性的软文，带动整个时尚和科技的潮流，例如华为的“花粉”就是一个很好的例子。

（3）软文打造形象

不管是一个企业的形象还是一件商品的质量和赞誉度，都可以通过软

---

① 江礼坤，国内著名实战派网络营销专家。

文去打造和升华。21 世纪，因为同类竞争造成的各种信任危机，在消费者之中影响很大，很多类似的企业都会有相同的服务和产品，消费者会如何选择，就要看他对这些企业的信任程度了。所以一个企业、一个商品在消费者心中的第一印象变得非常重要。正因为软文的这种独一无二的特性，所以它能帮助企业树立一个富有自己特色和优势的公众形象，为企业树立一个独具风格的品牌形象，让消费者记住它，才能达到宣传的最好效果。

（4）软文传递口碑

因为软文的平台和载体非常广阔，所以通过它的传播，人们会不由自主地去议论传播，在人群之中形成好的口碑，这样达到的效果比广告会好很多。如果一个商品在一个地方进行了报道，之后又在别的地方进行了一些报道，软文所提供的对于服务、产品、企业文化以及各类的细节的描写非常详细，通过人们的广泛关注和议论，众口铄金，一个企业和产品好的口碑就会非常迅速地形成。毕竟人言才是最好的广告。

（5）软文低投入、高收益

一般的广告宣传需要很高的宣传投入，而且还不能保证好的宣传效果，二次投入以及终身投入都是非常有可能的。但是一篇优秀的软文所能达到的效果，在很多时候并不比投入巨额的广告效果要差。软文写手优秀的写作能力和一些知名门户网站的推波助澜，以及搜索引擎的大量收入，会很自然地在网络上形成二次推广或者多次推广，软文会在网络上永远存在，根据用户的需求浏览量一次次地被刷新。

再加上软文的形式向来不拘一格，资料也相当丰富，每个人都可以议论评价，它所带动的宣传遍及网络的各个角落，有人的地方就会有宣传。而且软文会相比于平常的广告信息更加完整详尽，提供给人们层出不穷的话题和议论点，这是普通广告所无法取代的。

软文营销的这些优势，是因为它跳脱了“广告”二字的束缚，不拘泥于广告的固有形式，用根本不像广告的广告，一次次提高和推动着企业的影响力，在广告圈生根发芽。中华文化如此的博大精深，软文可以利用的资料也是非常丰富，一个问题、一个方向，也可以有百般思考与论证。随着信息社会的不断发展，网络从虚拟世界一步步渗透到现实生活中，软文在虚拟网络中所带动的舆论话题，会迅速拉动现实生活中的产品产量或者企业形象。

2. 软文营销的作用

若说软文营销的作用，那就需要从文章的基本属性出发去总结。

(1) 宣传的作用

直接或者间接地达到促进销售效果，就是软文存在的目的。同时，软文还能起到维护企业形象、创立品牌故事、建设品牌文化的作用。对外，不只是广告宣传内容，还能优化传播的质量，放大传播的效果。

例如，一篇处理优化搜索引擎的软文，即对软文中的关键词优化处理，随着用户在搜索引擎上的检索，搜索结果就会出现在首页排前的位置。这样，就能加大曝光效果，扩大知名度。

对于企业软实力的植入，软文也起到功不可没的宣传作用。我们把这种企业软实力的植入称为“文化营销”。要知道，现今的商业竞争，单单靠产品质量打入目标市场是远远不够的。有什么宣传效果，能比得上口口相传的口碑营销？文化营销，就是利用用户，建立忠于企业品牌的粉丝。就像小米一样，很多用过小米的人，都会不知不觉成为小米的“推销员”，不少小米用户成功推荐自己身边的亲戚好友购买小米产品，这就是口碑营销，而其内在就是文化营销。

文化作为一种精神内涵，它不仅给予了产品灵魂，还在某种程度上令产品拥有独立的文化符号。一旦产品被赋予了文化个性，那么用户眼中的产品，就不再是一个毫无生气的死物，或者一项简单的服务，而是具有了灵气与丰富内涵的个性符号。就如同苹果公司所标榜的，不是苹果产品酷炫，是用了苹果产品才酷炫。假如产品不仅能做到吸引眼球，还能起到无法替代的作用，甚至难以讨价还价，那么它就在文化营销上成功了。

软文在文化营销中，起到关键作用。一些企业需要对外宣传的文化内容，在硬广告上是无法一下子体现出来的，那么软文就能做到硬广告无法做到的事情，像通过各种类型的写作手法，来阐述有关品牌的文化，在提升产品知名度的同时，也增加了口碑美誉度，从而增加了社会公信力、市场竞争力、服务诚意，最终达到回报社会的目的。

广告的创意再打动人心，营销策略再无懈可击，若是没有软文带来的文字解释效果，那么品牌的知名度还是会大打折扣。

（2）信任的作用

能促进交易成功的很大因素，就是甲方、乙方背后的信任机制。

做微商的人们，会发现把产品卖给亲朋好友，总比卖给陌生人来得容易。在产品保证质量的大前提下，使用过自己产品的人，就会不知不觉成为你的“业务员”，做起免费的推销介绍，把产品推销给你不认识的陌生人。而这位陌生人，即使不认识你，没有使用过你的产品，但是出于对朋友的信任，他还是会买下你的产品。这就是信任促成的交易。

相对于铺天盖地的硬广告，软文则具有一种信任输出的作用。

软文之所以软，很大一个原因是其隐蔽性。软文可以在通篇文章中不说产品品牌的一个字，但是还能让人们记住产品，那是在文章中输出了制造信任的功能。当客户在需要产品的时候，他们会自然而然地想到软文中描述的产品样子，进而再去了解产品品牌，最后客户决策，达成交易目标。

销售基于信任，我们把东西卖给亲朋好友总比卖给陌生人来得容易，原因就在于对方相信我们。而软文营销就有通过一篇篇文章的输出来制造信任的功能，当消费者脑子里相信某样产品的时候，需求产生之时便是买卖成交之日。

（3）整合与互动的作用

软文不是核武器，期盼着软文成为核武器的，就是把拳头、力气使错了地方。应该视软文为水，水滴石穿，方可知道软文的作用，也知道该怎样利用它。

软文可以是无线电波，看不见、摸不着，却能无处不在，能在你浏览的网页、使用的博客、看到的留言、了解的词条、接收的邮件等中存在着。它能在人们觉察之前，就已经渗入到人们的生活中，这就是软文整合营销的威力所在。

无论是论坛营销，还是社区营销，其内在核心竞争，还是软文营销。一篇发布上去的软文，能推波助澜，能在回复的时候，与网民进行友好互动，或者就产品进行讨论。假如负责人员具有良好的热点触觉，就能根据与网民讨论的内容，组织成话题，进行炒作。一旦话题得到了放大，赢得外界响应，时间久了就能上升到焦点新闻的热度。这种得来不易的新闻关注点，能扩大品牌影响力，增加知名度。

等到事件降到了冰点，负责人员还可以继续与网民互动，寻找别处热点，继而针对事件进行二次炒作，持续地维持产品关注度，从而带来商业动机，直接或者间接地实现交易目的。

软文兵种在什么地方战斗——软文的载体

士兵上战场战斗，离不开一个好的战场。在《孙子兵法》中，孙子就说过，天时地利人和。地利是很重要的一个因素，在战场上要做到知己知彼，不只要知道对手的策略，还要对战场地形有足够的了解。而说到软文的战场，其实不外乎平面媒体、硬广告软文、非正式出版物、博客、微博、微信、论坛、网络门户软文、电子邮件、站长软文以及淘宝软文这些阵地。

1. 平面媒体

相较于网络媒体，平面媒体的投放成本略高，而能称为平面媒体的，主要是指国家新闻出版总署批准的具有发行刊号的报纸、期刊。另外，具有广泛影响力、拥有国际刊号的媒体，也属于平面媒体。

发布在平面媒体上的软文，需要媒体的审核，并且不同的媒体收费标准也不同，较为知名的媒体软文刊登价格甚至与硬广告持平。

选择平面媒体推广软文，需要提前研究好该平面媒体的选题偏好、文笔风格、阅读群体和投放预算，撰写方面要下足功夫。其中最为重要的问题是，清楚平面媒体的出版周期和发行日期，这会影响整个软文营销的发布平台。

2. 网络媒体

软文在网络上的传播方式有很多种，可以根据具体需要，选择不同的方式去传播。

（1）博客中的软文

在博客中写软文，相当于在自家地里耕种一样，是没有太多限制的。如果你愿意，你可以在自己整个博客上，发布全是软文的文章。不过轰炸式地在自己的博客里写软文，不会获得很高的浏览量，人们会认为通篇都是软文的博客没有多少的阅读性，进而放弃关注你的博客。

在经营博客的时候，不要一味地放软文，而要根据产品的适用范围，选择相应的客户圈子。例如，想推广开发的 APP，就不要只是在博客上自圆其说地描述 APP 应用有多么好，而应该先建立起博客自身的点击量。要想做到这点，就要在博客上发布有用的“干货”，例如对比其他 APP 的优劣，然后适时地介绍自己开发的 APP 的优点；或者发布一些最新最快最酷的 IT（信息技术）行业资讯，顺带发表一下自己的专业见解。如果你是较为专业的人士，就不要说隐晦的专业术语，尽量用通俗的语言去表述，最重要的是，站在用户的角度去写他们希望知道的事。尽管博客的文章字数不会受到限制，但是最好不要长篇大论。

（2）微博中的软文

前几年微博的热门程度想必不用过多赘述了，虽然这一两年也有人提出微博将慢慢被淘汰，可是微博具有的信息时效性和广泛性，还是令其保持着一定的江湖地位。根据笔者调查，很多微博使用者并没有完全抛弃微博，他们不过是从积极互动的“活跃粉”变成了只看不互动的“僵尸粉”。这意味着，要想获得微博用户的关注度，就要想方设法地运营好自己的微博。以前，运营者或者只需要做到能令粉丝增广见闻，就可以赢得大量的粉丝关注，而现在的运营者还需要考虑如何发挥个人品牌特长，以品牌魅力赢得粉丝的关注。

在微博日益疲软的今天，一位台湾的网友自制了以“几分钟看一部电影”为主题的视频，令他在短短两天之内获得了4万微博粉丝的关注。其实，自制解说电影的视频，并不是什么新鲜事。而这位台湾网友胜在他的解说视频拥有强烈的“个人特色”。他能逻辑清晰地用短短几分钟的时间，介绍一部长达两个小时的电影，且他在解说时故意流露的风趣港台腔和幽默的吐槽，正是他与众不同的地方。

很多运营者也许越来越不看好微博，但是只要微博还没有完全“退隐”，就不要低估了它的宣传力量。只要找到了热点，找到了粉丝们爱看的“痛点”，绝对能在这个平台上大显身手。

相比于博客，在微博上写软文难度又大了很多。因为微博每条都有140字的字符限制，要想清晰地把一件事表述清楚，单靠这140字是有很大的难度的。也许大家会大惑不解，只能写140字的微博，究竟能写得出什么好软文呢？知道为什么微博催生了那么多的段子手吗？就是被这140字给逼出来的。要想吸引粉丝的注意，运营者就要在游戏规则里玩出一个好的游戏分数，这才是赢家。140字的微博，不是为了要粉丝一下子就知道来龙去脉，而是让粉丝瞬间就被你想要说的事给吸引。如果运营者能在一开始抓住粉丝的目光，那么他就成功了一半。

微博软文不能像白开水一样平淡无奇，一定要具有自身的特色，要么就是感性无比，要么就是醍醐灌顶，要么就是卖萌耍贱，最好还能有明星效应。就像王菲和李亚鹏微博宣布离婚一样，在短短几十分钟微博的转载和评论就超过了10万，造成了全民八卦的轰动效应。所以说，微博软文是需要费很多功夫去研究才能脱颖而出的。

（3）微信中的软文

随着微信的崛起，微信软文获得了更多的关注。如何在微信中写好软文、做好推广，不少人都在钻研着。微信软文离不开订阅号的推广，现在不少转战订阅号的自媒体也闯出了一番新天地。相对于微博，微信的订阅号更加注重广告的推广，对产品的宣传起到了一定的帮助作用。所以，微信软文推广是不容忽视的力量。

（4）论坛中的软文

在微博、微信，甚至博客还没有流行起来的时候，论坛就占据了网络舆论的一片天。当时，大多数的网民在诸如天涯等社交论坛上发表自己的见解，分享日常生活中不寻常的事情，甚至记流水账一样诉说自己的心情。只要观点够独特，文笔够辛辣，故事够火爆，网友就能在论坛上“一炮而红”，成为段子手，或者“得道”成为签约作者。红遍网络的小说，起初就是通过在论坛的发布，再经由其他网友的转载而获得大量的关注的。

尽管现在论坛的天下已经被微博、微信、博客、人人网等社交网络平台分去了大半天地，但是论坛还是具有一定的用户黏度的。在推广软文的时候，论坛是绝对不容忽视的平台。需要考虑到的是，论坛是有版主管理的，他们为了维护好论坛的运营秩序，保证内容的“看点”，是严防广告帖来“灌水”的。假如你功力深厚，能令软文帖子内容足够精彩，赢得大量的顶帖，就会变成热门帖子，甚至被版主置顶加精，从而达到推广目的。

3. 非正式出版物

什么是非正式出版物？很多人在刚听到这个名词的时候，会疑惑所谓的“非正式出版物”是不是违法出版物？答案是否定的。也许，你在生活中就接触过这种非正式出版物，只是自己不知道罢了。

中国国家图书馆对有关印刷品的界定中表示，中文非正式出版文献是指“灰色文献”，俗称“内部资料”或“内部交流资料”。其特征是：第一，无（国际或国内统一）书号；第二，无内部准印证号；第三，非泄密；第四，非卖品。从形式上看，疑似“图书”或“刊物”。从更加广义的概念上来看，自费出版的书籍、企业内部传阅的文化刊物等，这些都属于非正式出版物。

只要非正式出版物不触犯1991年国家新闻出版总署《关于认定、查处非法出版物的若干问题的通知》中的第一条规定“明知出版物中载有煽动分裂国家、破坏国家统一或者煽动颠覆国家政权、推翻社会主义制度的内容而予以出版、印制、复制、传播的……”及第二条规定“以营利为目的，实施刑法第271条所列侵犯著作权行为之一……”，就不会被认为是非法出版物。

了解了非正式出版物，我们接着来了解下非正式出版物上的软文。因为是自己发行、自己印制的出品物，具有很大程度的个人意愿和自由性。人们不需要顾虑到被版主“封帖”的危险，可以大胆地发表软文。不过，值得注意的是，在写这类型的软文时，首先要考虑到受众人群。例如，这是企业内部的宣传刊物，那就需要平衡好高层人员和普通工厂员工的阅读兴趣。一些高管精英，也许会更希望看到文章的专业性，但是，车间员工未必会对专业度较高的文章产生兴趣。在写软文的时候，就需要作者下点功夫，平衡好两者的需要，这样就不会流失阅读群体。同样的，假如是传阅给公园里的老爷爷老奶奶，那么软文内容就要家长里短，在保健身体中带出产品的信息；假如是传阅给游乐园的妈妈们，那就要在软文里多告诉妈妈们一些育儿秘诀，这样才能达到推广的目的。非正式出版物的软文写作，平衡好阅读人群的需要才是最重要的。

4. 硬广告

硬广告，这个词在营销推广中会经常提到。硬、软广告其实在广告学上没有明确的界限定义，也就没有黑白分明的范围划分。可能许多刚接触这个行业的人，对硬广告的概念也会比较模糊。硬广告在广告界中不过是行内话，但是在日常生活中，却与普通大众的生活发生着各种交叉影响。在报纸、杂志、电视、广播中，人们经常看到或者听到的产品宣传的纯广告，就是硬广告，硬广告一旦出现，就会很容易让人分辨出这就是产品广告。而有些在平面媒体或电视广播上出现的像新闻又不像新闻、像广告又不像广告的形象稿件，或者企业各种活动赞助，都属于软广告。软广告的特点就是刚开始给人感觉并不是广告，而是更像一宗新闻播报、一则人物专访，不过没过多久就会“露出狐狸尾巴”，让人恍然大悟——原来是在宣传某种产品。软广告的好处就是比硬广告更能引起人们的兴趣，让人慢慢了解到产品的特性。

硬广告上的软文，可以一味地夸赞产品的优点，而软广告的软文，在撰写的时候则需要花费更多的心思。

第二节　软文兵种的战斗程序

软文兵种的前期准备

在写软文之前，撰写者很可能无从下手，毕竟软文的“软”并不是一日之功。要让推广文中的“软”达到春风化雨的威力，是需要经验的积累、眼界的开阔、知识的丰富、文笔的修饰的。倘若此时的你，不过刚拿起笔，在案头前苦思冥想，却摇头叹气，毫无灵感，就应该先来一剂“定神药”，告诉自己在刚开始没有人是无师自通的软文天才。

第一，你不能让脑袋空空如也。撰写软文虽不需要具有专业的学术知识，但也要有信手拈来的常识宝典，这就是你的“兵马库”。你不能在上战场前不备好武器，而丰富的知识将是你最有力的“匕首”。

第二，你必须非常熟悉你要推广的产品。就像营销人员，他们与客户打交道动的是“嘴刀子”，你与软文过招动的是笔杆子。就算营销人员再口齿伶俐，再洞察人心，也不能不对推销的产品做了解，否则一旦客户问起问题，而他们回答不上，就会失去客户的信任。往往每个客户要问的问题，潜台词都有一句“为什么我要买你的产品”。同样的，为什么读者要对你的软文产生兴趣？你能给他们带来什么？为什么他们要买你的产品？这些都是读者在看软文的时候，希望能得到回应的问题。如果撰写者对自己的产品不熟悉，又怎么写出一篇让人信服的软文？

第三，多了解时下热点。要写出一篇出色的软文，就不能脱离了人们喜闻乐见的路线。什么是现在人们所喜闻乐见的？就是那些能激发眼球热点的事。先问一下你自己，媒体上哪种新闻类文章会让你产生阅读兴趣？罗列出来，然后再仔细询问别人，哪些是他们喜闻乐见的？多调查一些性格、爱好、兴趣不同的人，并一一罗列出他们的答案。最后，根据你调查出来的答案问卷做一个统计，例如什么类型的人喜爱看什么类型的新闻？哪类新闻是人们普遍喜爱看的？得到结论后，再拿着你的结论对比时下的热点新闻，看看有什么区别。还有，多研究一下标题党，思考一下为什么要这样写标题，从标题分析出普通大众的爱好偏向。日常生活中，要马上对公关策划热点做出灵敏的回应。每个时期都会出现热点事件，软文撰写人要有狗一样灵敏的嗅觉，判断事件是否会成为热门话题，然后顺势积极参与到事件中。

软文兵种的战斗过程

1. 软文的要求

现在加入软文写作行业的从业人员越来越多，他们中有的是出版行业的策划能手，有的是网络上能信手拈来的段子手，他们身怀绝技，笔功高强，能应付刁钻的客户，能面对高压的写作环境。在高手林立的软文界，初出茅庐的你该如何让自己的软文脱颖而出？

写软文非一日之功，但也不需要有水滴石穿的十年磨一剑，只要你能下点苦功夫，练好扎实的文字功底，留意观察消费者的理解方式，就能写出引人入胜的软文。

“广告易做，软文难写”，这是行内的感慨。其实软文并没有人们想象中的那么难写，只不过很多人在开始之前，还没有具备写软文的条件。一个没有武装好自己的士兵，怎么能在战场上战无不胜呢？

因此，在谈软文撰写技巧之前，首先要谈对撰写者的基本要求，只有当撰写者具备了这些基本条件，才能写出引人入胜的软文。

第一，积极乐观的态度。不得不说的是，撰写软文是一项具有压力的职业。在现代的职场需求中，每个人都具备写作能力，软文撰写者需要突出自己的竞争力，才能立于不败之地，才能证明自己的“货真价实”。在把自己锻炼成“战无不胜”的常胜将军之前，需要经历无数的失败，这一过程就需要保持乐观积极的态度，才能承受住压力。

第二，对知识的渴求。一篇有趣的软文，绝对不是只有产品内容的卖点，还要有值得看的爆点。这需要撰写者具有丰富的知识和综合文化修养，才能广征博引、触类旁通。若单从写作思维上来看，撰写者也需要有一个庞大的知识库，才会文思泉涌。因此，软文撰写者必须求知若渴。

第三，严密的逻辑性和创新的思维。不要以为玩语文的就不用像玩数学的那样讲究逻辑严谨性。实际上，写文章逻辑思维的严谨，是最考验人的。特别是软文撰写者，如果没有严密的逻辑思维，很可能就会前言不搭后语地胡乱拼凑出一篇文章，让读的人不仅不相信产品功能，反而对产品印象大打折扣。同时，写文章不能墨守成规，要敢于创新，从写作角度，甚至从内容上进行革新创造。

第四，敏锐的洞察力。要想软文传播广泛，有时候需要结合时下的热点，有了新闻价值，才会引起别人的兴趣。那么，什么是时下的热点？这就需要撰写者有强大的信息搜索能力和敏锐的洞察力，迅速准确地判断出这件事究竟是不是或者会不会是热点。撰写者需要有猎狗一般的新闻嗅觉，时刻关注时事新闻热点，随时发掘有利于企业的新闻点。

第五，出色的公关策划能力。一篇优秀的软文撰写出来后，并非就这样完事了。后期的公关策划不能忽视。软文撰写者最好有广泛的媒体人脉资源，能够充分利用媒体网络资源，让他们帮忙开拓软文的传播路径。

2. 软文的发布

软文的发布，对于很多人来说并不是一件难事，随便注册个论坛账号，就能发布软文了，可是发布上去后，并没有起到一定的推广作用。这也是因为他们在发布的时候，并没有注意到软文的发布其实也要讲究一定的细节。下面我们就来说一下，软文发布需要留意的问题，需要说明的是，这里主要指的是网络发布问题。

（1）软文发对地方了吗

很多撰写者在发布软文的时候，都会犯一个大错，就是抱着“酒香不怕巷子深”的想法，以为随便在一些网站、论坛上发布，就会等到“有缘人”，又或者带着“多多益善”的心理，不管是什么网站，只要是能发布软文的就行。这就会造成撰写者在一些门槛低的网站上发布软文，实际上这些网站并不能对软文的推广起到多大的作用。

软文需要发布在一些比较有影响力的网站或论坛上，尽可能地让更多人看到。最重要的一点，就像在对的地方遇到对的人一样，一旦优秀的软文被大型门户网站看中，就会得到推送的机会，这个时候其他网站也会跟着转载发布，传播路径就会进入井喷期，推广效果也会随之翻几番。

（2）软文发布的时效性

如同新闻一样，有些软文也讲究时效性。当然，不是所有的软文在发布的时候都要争分夺秒，这里主要指一些活动报道和根据时下热点顺势回应（炒作）的软文。特别是当企业举办活动宣传或新品发布会时，软文时效性的意义就更为重要。如果企业本身具有非常大的影响力，举办的活动或发布会一定会吸引到当地的媒体去关注报道。这时候，如果软文撰写者能抢在这些媒体之前发布相关报道软文，那么这篇软文就会被其他媒体看作是官方报道，具有权威性和参考性质，甚至被媒体原封不动地复制粘贴。在不费吹灰之力间，就能让其他媒体照着你的推广方向宣传企业产品。

（3）软文发布的稳定性

软文在发布后，很可能会被删除。一些论坛对软文和广告推广非常敏感，管理者一旦遇到有广告推广的内容，会毫不犹豫地删除发布信息，甚至禁止发布者以后再发布任何的东西。如果遇到这些规定严格的网站或论坛，就需要提高发布意识，保持软文发布的稳定性。撰写者需要非常清楚所发布平台的规矩，适当地打一下擦边球，尽量不显山露水地进行宣传推广。

3. 软文的传播

不要以为软文发布出去了，就万事大吉了。软文安安静静地躺在发布平台里不声不响、不争不抢，只等岁月静好，是不能带来高点击率、不能带来关注度的。

写软文是第一步，发布软文是第二步，传播软文则是第三步，而且最后一步至关重要。操作好软文传播，就像使出无形剑，杀人于无形，刀刀致命。为什么这样说，我们先来看一个例子。

> 2015 年的三八妇女节，一则名为《安徽土豪小夫妻互送玛莎拉蒂庆祝三八节》的新闻引爆了网络，成为了热门新闻话题。这则新闻说的是，安徽合肥一对夫妻在三八节这天，去高端汽车店，等妻子试驾完名车之后，丈夫二话不说花钱买下了名车，作为三八节礼物赠送给妻子。妻子很高兴，马上豪爽地指着隔壁的一台名车说买下来送给老公。
>
> 这则新闻被报道出来后，有网络营销经验的人马上指出，这是一篇策划软文，至于推广的内容就是合肥的某品牌汽车店。令人惊讶的是，这篇简短得甚至连图片都没有的软文，竟然在百度搜索上达到 3.3 万索引量。有人统计，有 500 多个网站进行了转载，其中大型门户网站如网易、搜狐、腾讯首页转载发布，就连主流新闻门户网站像新华网、凤凰网、人民网、环球网等也进行了转载。值得一提的是，大型门户网站属下的地方门户网站，一般是从上属门户网站转载新闻稿件的，如果把地方门户网站的转载量也计算在内的话，那转载的网站就更多了。

一篇简单的新闻稿软文，为什么能让全国的主流门户网站转载呢？可能你会认为，这家汽车品牌店财大气粗，能用钱砸出门户网站的大坑，让这个大坑转自家的软文。可是，500 多家的网站首页新闻位，不是用钱就能砸出来的，真实的情况是，全国的500多家大中小网站无条件地转载了该软文，免费帮汽车品牌店进行了推广。

这家汽车店不需要有什么神通广大的本领，只是利用了软文的传播路径，就轻松地玩转了软文营销推广，让别人帮自己做了免费的广告。

据说，这篇软文最先刊登在纸媒《安徽商报》上，这是人们能找到的最初来源。《安徽商报》是一个地方性纸媒，软文所刊登的位置，也是能花钱购买的。在软文见报之后，一家苦于没有劲爆新闻的地方性网络媒体，就看中了软文的“标题”，对文章进行了转载。很快，这篇软文就获得了人民网安徽频道、江苏频道的注意，最后顺理成章地转载了该文。

一些大型门户网站，为了维持属下地方门户网站的流量，会让地方网站每天推送一些精彩的新闻，再经过审核人员的挑选，发布在门户网站的首页上。因此，也就不难理解，在人民网安徽频道转载这篇夫妻互送名车的软文后，人民网会把软文推送到首页上。

一旦内容在大型网站首页推送，全国其他媒体也会留意到该内容。不久，网易的编辑就从人民网上转载了这篇软文。接下来，就像多米诺骨牌效应一样，一家又一家的媒体跟着转载。雪球越滚越大，数百家大型网站集体转载，就连hao123网也不能免俗了。

接下来发生的事情，就是连这篇软文的作者也始料未及了。一个点击量低的网站捕捉到这篇软文后，马上做出了反应，几乎不计人力成本，根据软文的内容制作成了一个视频，并在视频上加了自家的水印。他们的用意就是利用这篇已经成为热门的软文，见缝插针地渗入自己的信息，提升名气。有了推手这么一推，视频马上又被各大门户网站转载，事件得到再一次发酵。转载了视频的爱奇艺获得了13.6万的点击量，腾讯获得40万的点击量，就连之后才转载的凤凰视频，也获得了19万的播放量。

一篇在报纸上付费发布的软文，能成为网络热点新闻，估计就连策划者也不会想到。不得不说，这篇软文能爆红，离不开幸运女神的青睐，因为假如一开始那家地方性网站的小编没有转载这篇软文，它也就不会出现在网络面前。可是反过来，如果这篇软文本身不出彩，那么小编又怎么会看中它呢？所以，单靠运气是不行的，策划人也是需要有真功夫的。

这篇软文的爆红，很好地说明了软文传播路径的特性。网络上存在千千万万家大大小小的网站，每一天它们都需要高点击量去维持经营，而吸引人的内容就是它们苦苦追求的。遇到吸引眼球的新闻，网络编辑不会管这是精心策划的软文，还是真实新闻，统统会饥不择食地转载到自家网站上。

网络编辑每天的工作就是不断浏览网络信息，发现有趣的新闻，然后转载更新到自己的网站上去，以吸引点击量。如果你撰写的软文能令这些网络编辑动动手指头，复制粘贴到他们的网站，就是已经非常成功了。

第二章

连队训练——十八般武艺傍身，打造软文无敌兵

人在江湖，身不由己，软文写作的江湖也是如此。随着互联网的普及和多元化发展，软文江湖变化越来越快，弹指间沧海桑田，根本没有给软文文案留下喘息的余地。除发展与变化之外，软文文案在实际工作中还需要面对形形色色的甲方、林林总总的行业，其中所涉及的知识和写作技巧的难度是一般营销人员无法想象的。

软文虽然游离于正统文体之外，但每年都有大量专业的文字工作者涌入这个行业，仅笔者接触到的就有记者、公务员、作家等，这直接导致软文从业者职业竞争压力加大，软文质量要求日益攀升。现在软文的写作难度与一年前已不是一个量级。

看来，想要在软文界立足，没有“十八般武艺”傍身根本出不了“新手村”。因此本章为大家罗列了十七个撰写软文的模板，每一个模板都根据实际情况进行分析、讲解，让大家能在短时间内吸收、理解，并运用到实际工作中。

第一节　权威专家

软文撰写中，如何取得读者信任、认同是永恒的主题。如今，各种各样的营销手段中都有权威专家的影子，“权威专家”俨然成了营销不可或缺的组成部分。“权威专家”营销模式的成功，归根结底是“权威效应”在起作用。“权威效应”是指如果一个权威人物在某个领域地位极高，在业内有威信，受人敬重，那这个权威人物的言论、行为就容易引起大众的重视与效仿。相较普通民众，大众更容易相信权威人物的言行，并会不加思考就认可其正确性。简而言之就是“普通业者人微言轻，权威专家人贵言重”。

现实生活、学习中，权威效应不是个例，是社会中普遍存在的，并且不只是“存在即合理”，而是“合理的存在”。分析权威效应的成因，主要有三个：

首先，大众普遍有“安全心理”，即人们认为权威人物是正确的模范，服从权威人物会使自己更具安全感，能降低出错的概率，这也是人们趋利本能的必然选择。比如，技术工人严格按照专家指导做事，这样即使出了错，也能确保自己安全无虞。

其次，大众普遍有“从众心理”，即当一个群体的大多数人达成一致后，个体在群体的无形压力下，不知不觉或不由自主地与大多数人保持一致的社会心理现象，而权威人物能有效引领大多数人。比如，纳粹德国时期，最开始只是少数人鼓动纳粹思想，当大多数人获得战争红利，高喊“嗨！希特勒”的部分国民就会不问是非曲直地跟从。

最后，大众普遍有“赞许心理”，即人们总认为权威人物的要求往往是正确的，是和社会规范一致的，按照权威人物的要求去做，会得到各方面的赞许和奖励。比如，孔子学为人师，行为世范，这个行为准则，在2500多年后的今日，依然是儒家社会遵循的基本行为准则。

由此可见，权威效应在市场环境和现代营销中有着强大的作用。既然大众如此相信权威，在软文撰写工作中自然要加以利用，并在软文创意中极力迎合这种现实。在软文撰写层面，所谓的权威，并不是所有权威概念都能全盘吸纳，必然要“有所利用，有所不用”。

软文最常使用的“权威概念”包括两个方面：一是人物的权威性，指的是在某领域取得突出成就，且有一定知名度的权威人物；二是模因的权威性，指的是通过模因惯性而固化下来的权威准则，比如风俗习惯、文化解释等。（模因：在诸如语言、观念、信仰、行为方式等文化的基本单位中，通过非遗传的方式，与基因在生物进化过程中起类似作用的东西，特别是通过模仿得到传递的文化）

其实权威人物的选用，并不只局限于当代专家，可以是古今中外的、任何领域的权威人物。比如提及炒股可以引用股神巴菲特的言论，提到建筑可以借用建筑业的鼻祖鲁班的故事，提到网商可以引用阿里巴巴霸道总裁马云的语录。

至于借用权威效应开展软文营销，首先要在策划环节确定方向与策略，细分营销对象行业所属的领域，收集查找该领域的权威人物；其次用分析、排除等方法逐渐减少目标对象；最后确定权威人物，这就是软文营销所需要的“专家”。

当然，社会发展日新月异，很多新兴的行业、领域，还没有来得及树立起权威人物，就迫切需要进行软文营销。如果这样，出路有两条：

第一，利用软文将“自己人”打造成行业、领域的权威人物，占领行业、领域的制高点，掌握话语权，如果能获得制定行业标准的权力最好不过。

第二，只要自己的产品够“硬”，就要考虑将自己的产品打造成品牌，塑造成权威；让自己的品牌成为行业或者此类产品的代名词，就像“飘柔”一词代表洗发液、“康师傅”一词代表方便面一样。

在软文撰写环节，利用“权威专家”营销的软文，撰写方向主要也有两个：

第一，借助专家权威来增强软文的说服力。

第二，利用软文打造权威。

在软文撰写中，运用“权威专家”行文的方式有很多，比如铺陈权威专家的“该如何”“不该如何”的言论，然后间接介绍自己产品“有如何”“没有如何”。在软文撰写中还应该注意以下问题。

（1）如何有效植入专家权威

在软文撰写中，逻辑主干要围绕着专家的言论、评论、理论、行为等要素进行推导。并将权威效应巧妙地融入到软文之中，再通过现象导出自己产品的优势。

（2）如何避免纰漏

在使用权威专家的评论时，不能无中生有、自编自导专家的言论，也不能借用专家的名义“胡说八道”，或者故意曲解、断章取义专家的表述。

（3）别让专家成为“砖家”

“很多道理要通过歪理来证明。”但是，软文撰文立意要正，不要引用权威专家偏激、有悖常理的论断。一旦让文中的专家变成读者心中的“砖家”，软文的效果就会被颠覆。

关于权威专家的软文营销，名气最大的莫过于维生素 C 的权威论战。在美国，有过一场持续 20 多年的、围绕维生素 C 作用与剂量的大论战。由于论战双方都是权威专家，备受全世界关注。

故事的主人公是鲍林——唯一一位先后两次单独获得“诺贝尔奖”的科学家，曾被英国《新科学家》财刊评为人类有史以来 20 位最杰出的科学家中的一个，与牛顿、居里夫人、爱因斯坦比肩；同时兼具化学家、物理学家、结晶学家、分子生物学家和医学研究者的身份。

鲍林根据自己的多年研究，于 1970 年出版了《维生素 C 与普通感冒》一书。书中的观点是：每天服用1000毫克或更多的维生素C可以预防感冒；维生素C可以抗病毒。当时，这本书非常受读者欢迎，被评为当年的美国最佳科普图书。一时间，维生素C销量陡增。

可是医学界的权威专家们却激烈反对鲍林的观点，纷纷出来反驳。甚至连权威部门——美国卫生基金会、美国医学协会也发表声明进行反驳。反驳鲍林的权威医生说鲍林根本不是医生，没资格来谈论维生素C防治感冒的问题；还有医生干脆讥讽鲍林为江湖医生，或说鲍林用维生素C防治感冒是替某些厂家宣传。

之后，鲍林和权威医师卡梅伦博士合作出版了《癌症和维生素C》一书，建议每个癌症患者每天服用10克或更多的维生素C……这个事件还持续发酵了很多年，至今仍没有定论。不过，每天服几克、十几克维生素C的鲍林，最后活到了93岁。

鲍林的言行和关于维生素C的著作，等同于权威专家的软文。一个权威科学家，即使在非专业领域发表言论，也能引起业界震动，可见权威营销力量之强大。也正因如此，软文营销、撰写都离不开权威专家的言行。

第二节　分析对手

“知彼知己，百战不殆。”古代兵家如此重视对于竞争对手的了解与分析，充分说明对于竞争对手了解与分析的重要性。商场如战场，而企业对决的战场往往是营销，所以在营销领域，对竞争对手的了解与分析也十分重要。了解和分析竞争对手，不仅是应对竞争的基础，也是制定营销策略的主要依据。

分辨竞争对手

在营销领域，往往要面对同类品牌、产品林立，甚至“鳞次栉比”的情况。想要精确地分析对手，首先就要识别并确定自己的竞争对手。

品牌、产品在营销中，要面对很多竞争对手。但问题的关键不是竞争对手的多寡，而是找到正确的竞争对手。比如拥有大厂房、流水线的服装品牌，就没有必要将高端订制品牌视作对手。所以要分析竞争对手，首先要在众多同行之中准确地找到主要竞争对手，其次逐个排除，最后确定需要“攻防”的竞争对手。想要从品牌、产品的海洋精确地找出竞争对手，就要有分辨的方法。在营销中，品牌分析、行业分析和市场分析是分辨竞争对手的最佳依据。

1. 品牌分析

在传媒发达的网络时代，品牌的建设不再是一个漫长的过程。现在，很多品牌利用软文营销、事件营销等网络营销手段，如雨后春笋般没有任何预兆地诞生，并占领市场。比如，恒大冰泉、例外等品牌的一夜爆红。所以，在品牌决定市场的今天，品牌实力和潜力是分析、判断竞争对手的重要依据。

2. 行业分析

竞争对手往往是同行，就是提供相同或类似产品的企业。可是很多企业是多元化经营的，这种情况下，判断其主要竞争产品是比较困难的，自然要有原则地进行筛选：首先看竞争对手目前和以往产值、利润最大的是什么产品。其次看企业未来的主打产品。企业产品是不断更迭的，可能目前只是多元化中的一支，但是未来会成为企业的主打产品。

3. 市场分析

用品牌分析和行业分析找出竞争对手相对简单，但是隐性的竞争对手往往不在行业内。在技术飞速发展的今天，最危险的竞争对手是与自己抢占共同顾客需求的企业。现在的消费者猎奇观念十分重，所以不被重视的、生产新奇产品的企业往往才是致命的威胁。例如，手表与手机不是同一行业，但是手表的市场被手机抢了；手机和智能手表不是同一个行业，而未来，手机的市场很可能被 Apple Watch（苹果公司生产的一款智能手表）等可穿戴设备抢占。

用这三种分析方法，明确竞争对手之后，就要对其营销进行分析。因为营销的分析方法和工具很多，如产品质量、性能、名称、包装、价格等。对于软文文案来讲，我们仅就软文营销一个方面进行分析。

针对竞争对手的软文策略

一般情况下，软文营销主要的针对对象是品牌。而企业间最直接、激烈的竞争正是品牌竞争。很多时候，除各品牌不一样外，同类型、同价位的产品往往不存在太大差异。这种情况下，就要细致地分析竞争对手的品牌营销。

对竞争对手的品牌进行分析，主要目的是在竞争对手的广告投放、品牌营销中找到弱点、短板、虚假等问题，并针对这些问题制定针对性策略。而软文覆盖广、投放精准、成本低的特性，是克敌制胜的法宝。需要注意的是，在针对竞争对手的问题撰写软文时不要采用攻击的方式。下面谈一谈竞争对手在正常营销、虚假营销和危机公关三种状态下，最适合企业的软文策略。

1. 对手做宣传，我们找漏洞

在竞争对手正常营销，与企业相安无事的情况下，企业先不急于制定软文营销策略，要等竞争对手先出手，等竞争对手的各种营销手段都打出去后，软文文案见招拆招，后发制人。先通过统计、观察、总结、分析，找到竞争对手的营销漏洞，在其漏洞的基础上，将软文重点放在受众需求和欲望上，以受众为中心，按照受众的需求去撰写软文。

2. 对手忽悠人，我们来揭穿

在面对竞争对手虚假营销时，不要急于拆穿，而是围绕竞争对手的虚假营销，通过层层递进的分析，阐明其虚假之处，以及会带来的后果。同时利用软文没有明显的广告目的的特性，对自己的品牌、产品进行信息嵌入，从侧面进行描述、渗透并传播。

3. 对手做投入，我搭顺风车

当竞争对手遭遇危机公关时，软文文案要利用软文营销的高性价比、信息量大、不受时间限制等优势，针对竞争对手的危机和软肋，撰写软文，并大量发布。

一来软文可以抵消竞争对手的硬广告营销。要知道，在同等收益的情况下，一分软文营销投入，可以抵消竞争对手十分的传统营销工具投入，而且软文信息的到达速度是传统营销工具的5~8倍。

二来软文可以增加竞争对手危机内容的搜索，同时将竞争对手的危机当作自己营销的契机，并将竞争对手的危机当作热点事件，与自身的优势捆绑起来进行传播。软文大量的二次传播，不仅可以增加竞争对手的负荷，还会增加自己的品牌知名度和美誉度。

在营销中，企业对于竞争对手的确定、了解、分析十分重要，一旦出错，可能就要面对非常严重的后果。世界感光业巨头柯达就在这方面曾经有过惨痛的教训。

柯达曾经创造了全球传统胶卷市场的神话。在辉煌时期，柯达曾占据全球2/3的胶卷市场，拥有员工8.6万人，其特约经营店遍布全球各地。因为柯达和富士都是胶卷相机的龙头品牌，所以柯达一直把富士当作自己的主要营销竞争对手，全身心、大投入地对富士加以防备，却对不属同行业的索尼和佳能不闻不问、放松警惕。

20世纪80年代，随着数码成像技术的发展与普及，数码产品以迅雷不及掩耳之势席卷全球，传统胶片市场迅速萎缩。然而，最先发明出数码影像技术的柯达，担心数码相机业务会对胶卷相机业务造成不利影响，而将数码影像技术“雪藏”。随后，数码相机迅速在全球风行，而传统胶片市场则日益衰弱。之后，数码成像技术逐渐取代了胶卷。而此时，佳能、索尼等生产数码相机的企业迅速发展壮大，在毫无阻力的市场环境下，逐渐占领原属于柯达的市场，并成了柯达无法战胜的对手。

柯达在营销上的短视，毁掉了昔日的辉煌，最后面临破产。归根结底是其没有系统地分析对手，导致其选错了竞争对手，并没能有效扼制新兴对手。

第三节　心灵鸡汤

“心灵鸡汤”一词，源于杰克·坎菲尔和马克·汉森所著的《心灵鸡汤》一书。这本书是当今世界最畅销的系列读物之一，以其浅显精练的表达、富有哲理的故事、感人至深的情感迅速在我国网络上流传。

《心灵鸡汤》里的小故事在网络上流传开之后，同类型的故事、文章被大量模仿，并延伸出另一层意思：“充满知识、智慧和感情的话语。”内容多是柔软、温暖、充满正能量的说理和故事。心灵鸡汤是阅读快餐的典范，在读者受到挫折、失败、情绪低落时，的确是一剂良药，这也是“心灵鸡汤”风靡不衰的原因。心灵鸡汤普遍有着大众化的口味、励志化的包装、快餐化的阅读感受，让读者无须动脑，只要在人生低谷时读上几篇，就可以原地“满血复活”。

心灵鸡汤的快速传播要归功于博客、微博、微信等新兴社交媒体的大众基础。仅微信就有超过 7 亿用户，微信朋友圈也因为其强大的传播能力而受到大众的普遍欢迎，成为人们发布信息的重要渠道之一。然而，不知不觉中朋友圈就被各种“鸡汤党”占满，迅速成为软文的天堂。一如微博被“营销党”和“鸡汤党”攻陷一样。

所谓“鸡汤党”就是网络上各种各样的情感领悟、成功定律、感人故事等心灵鸡汤的拥趸。这些心灵鸡汤都是以说教者的角度，讲述要怎样、不要怎样，可是这些大篇幅、精制作的心灵鸡汤都是网友自发原创的吗？恐怕 90% 都不是。这些心灵鸡汤的文章，都是出自各种企业的软文写手，然后附上自己企业的相关资料发送到网络上，并助推传播的，说白了就是营销手段的一种——软文营销。

心灵鸡汤不同于其他形式的软文，其在网络上有着很大的阅读量和很强的可信性，但是心灵鸡汤直接掺入广告成分并不是明智之举，这就要看发布的内容与广告结合得是否巧妙。心灵鸡汤并不直接涉及某个领域，所以比较适合传递品牌、产品价值，但并不适合直接销售。

那么，在进行品牌营销的时候，我们应该如何撰写心灵鸡汤软文，并运用其进行营销？

1. 富有新意的原创内容

网络上多数心灵鸡汤软文都是被反复传播利用的“老段子”，不仅没有新意，而且读者都已经看过。所以，心灵鸡汤最好重新撰写，而不是抄袭、模仿以往的文章。比如“只有登上山顶，才能看到山那边的风光”，几乎所有的励志类心灵鸡汤都会引用，已经被读者背下来的句子是不会有阅读量的。反而原创的内容，读者见所未见、闻所未闻的文章才更能吸引人。

2. 基于生活的故事感悟

真实生活是网络阅读的核心，兼具真实感和可读性的心灵鸡汤才能打动读者。所以心灵鸡汤软文是故事也好，感悟也罢，内容一定要基于真实生活，且要正面、积极、向上，充满正能量，这样才会引发读者的阅读欲望。

3. 读者共鸣的领袖意见

心灵鸡汤软文，其内容一定要把握目标读者的心理，并产生共鸣。比如在职业淡妆论坛里的读者多是35岁左右的职业女性，确定目标群体后，就要分析她们的心理特性，因为这些女性青春不再，在家庭、事业方面比较缺少安全感，必定有补偿心理，也有经济实力，愿意花钱来买化妆品。而青春、容貌就是她们的痛点，自然也是心灵鸡汤软文的切入点。这就需要有针对性地撰写软文，内容紧贴年华易逝、气质不老等展开。这方面的心灵鸡汤很容易引起这一群体的共鸣，并成为她们的意见领袖。比较成功的类似软文如《像法国女人那样优雅地老去》。

4. 抓住热点的新闻评述

现在每天的时事热点非常多。因为这些热点有着搜索排名的天然优势，极具营销价值。心灵鸡汤可以以此作为基础展开，通过一个新闻切入，再配上洞察社会、人生的心灵鸡汤点评，只要有些思想深度，就能提起很多人的兴趣。比如用《给老外敬酒被殴》这则新闻，引出社会公众崇洋媚外心态，再引出“国外品牌除了知名，没有哪儿比国产品牌好”的观点，最后推广优秀的国产品牌和产品。

5. 纵横捭阖的内容汇总

这种心灵鸡汤软文写起来比较容易。可以在一个方面收集很多心灵鸡汤类的文章、句子，将其整合成一份有价值的汇总，同时加上自己的衔接、评价内容。这样的软文具有很强的传播性，读者也会进行二次宣传，不断扩大影响力。比如《销售人员的 20 个准则》《触动人心的 20 个瞬间》等。

6. 扣人心弦的企业故事

很多励志故事是以一个企业家、企业、品牌作为主线进行拓展的。其实每个创业者、企业、品牌都有一段戏剧性的故事，软文文案要挖掘故事中的营销价值和用户价值，用心灵鸡汤化的语言写出来，使其生动、富有感染力。这样的故事一经推广就会在网络上散布开来，不仅有营销效果，对于品牌建设也有很大的推动作用。比如《××集团老总愈挫愈勇，最终崛起的故事》《××集团总裁请小鞋匠上课》等。

7. 定格情感的图片说明

图片作为心灵鸡汤软文的重要组成部分，可以衬托氛围、佐证事实，也有很强的代入感，让读者身临其境。比如主张创业的心灵鸡汤软文配上忙碌青年的图片，会很好地将读者带入艰苦创业的意境。员工深夜忙碌工作的瞬间的真实图片，再配写说明文字，能直击读者内心，让读者感受到企业的情感，自然就能转化为品牌营销的力量。图片运用的一个典型案例应该是锤子手机创始人罗永浩，其在 TED（环球会议名称）演讲中讲了一个“工匠精神”的概念，以及由此展开的以“工匠精神”为背景的各种“情怀”，再配上一张充满意境、专注“情怀”的图片，简直令人神往。

8. 心灵鸡汤的原创经验

很多软文文案有着良好的外语基础，而国外也有很多心灵鸡汤网站，其内容不比国内逊色，其实是很有借鉴价值的。软文文案平时可以多留意国外心灵鸡汤网站，为日后的工作打下良好的素材基础，等要用的时候，可以直接改写。

首先，也是最重要的，就是心灵鸡汤软文的标题。因为现在网络心灵鸡汤的内容有点多，所以引导读者点击进入是非常重要的，软文标题一定要在最短的时间内抓住读者眼球。其次是文章摘要，最后是首图。这三者一定要配合好，有一致性。

第四节 捕捉热点

在网络上，每天都有几个网络热点产生、发酵、消失，这些热点可以随着新闻、微博、微信等工具大量、迅速地传播。因此很多软文文案都愿意结合网络热点来做网络软文营销、推广，让推广对象获得更多点击量，赚得更高人气。

网络热点软文营销，指的是借助网络上热点的新闻、事件、人物、行为或者话题，来进行评论、解密、发表观点，并结合自己所要推广的品牌、产品撰写成软文，通过网络搜索、点击来进行营销推广。

这样的软文营销每天都可以做，且成本很低。只要有一个成功了，就可以给推广对象带来十分惊人的营销业绩或者品牌效果。因此，很多网推公司不仅挖掘热点、炒作热点，更有不惜重金直接制造热点的。

网络热点软文之所以能够成为最吸引网民眼球的网络推广手段，根源就是网络的“注意力经济”。注意力经济是指企业最大限度地吸引消费者的注意力，通过培养潜在的消费群体，以期获得最大未来商业利益的一种特殊的经济模式。

著名的诺贝尔奖获得者赫伯特·西蒙在对当今经济发展趋势进行预测时也指出：“随着信息的发展，有价值的不是信息，而是注意力。”2011年，阿玛蒂亚森经济学奖得主陈云博士也做出类似的预测：“未来30年谁把握了注意力，谁将掌控未来的财富。”

这些预测并没有等到几十年之后，甚至几年之后，现在就已实现。随着网络的迅速普及，我们已经进入了一个“注意力经济”时代，软文文案们不妨称之为“热点时代”。如今，利用热点事件撰写软文并设法获得“注意力”，已经是司空见惯的现象。因此，利用“热点事件”“注意力经济”开展网络销售推广，已经是软文文案必须掌握的基本技能。

捕捉网络热点，无非是利用网民的注意力进行营销推广。因此需要结合注意力经济进行运作，在运用注意力经济之前，大家一定要了解注意力经济在网络应用上的基本特性：

①网络注意力不能共享，也不能复制：一个企业很难借用另一个企业的注意力资源，因为网民的注意力往往是针对某一特定企业、领域而言的。

②网络注意力资源是有限的、稀缺的：网民总数是有限的，其注意力也是有限的。而且多数网民是定向搜索阅读，注意力很难被吸引。

③网络注意力资源易从众：网民之间相互的影响、交流，可以促使网民的注意力往主流方向集中，形成从众的集体关注。

④网络注意力是可以传递的：网民的注意力可以由关注的名人传递到名人所代言的品牌；或者由热点事件传递到相关品牌、产品，进而去详细了解。

⑤注意力能直接产生经济价值：网民的注意力可以直接转变为消费行为，带动品牌、产品的销售业绩。

在对网络热点和网络注意力经济进行了解后，还要知道如何利网络用热点，结合软文撰写进行网络营销推广，下面综合介绍一下。

1. 热点选择：发现热点，抢占热点

如何在海量信息中找到可以利用的热点？首先要找到“潜力股”热点，就是有希望继续升温的热点，及时抢占第一时间，并找到热点与推广对象的契合点，成文之后，立即发布。如果这个热点够新，并且没有相同的文章，非常容易被搜索引擎抓取，进而带动阅读量。

抢占热点方面，最近一则《××红衣女子当街被数名黑衣男塞进车带走》的报道一石激起千层浪，迅速引起网民关注。随后，一款急救软件立即利用这个事件进行推广，其功能为：一键报警、录音、录像并传递到联

系人手机和网络云端。

2. 标题拟定：新颖独特，画龙点睛

一个好的热点软文标题，能够促使网编采用，能够吸引读者阅读，能够让搜索引擎快速收录。标题对一篇网络热点软文的效果不言而喻。成功的软文，标题无一不是吸引眼球、亮点闪烁的。好的标题可以取得很高的点击率，这也是热点软文成功的重要前提之一。热点软文的标题要起得新颖独特，要将热点关键词与软文的标题融为一体，最好能将热点的精髓画龙点睛，一语道破。

3. 融入对象：淡化处理，巧妙衔接

热点软文的最终目的是营销产品或者推广品牌。因此，在热点软文撰写时就要设法将推广信息巧妙地融入到软文中。直接将推广对象的信息写到软文中，不顾读者感受，往往会起到反面效果。所以，要将推广对象的信息巧妙地植入其中，并且尽量淡化处理，以求更大范围的传播。如果是在自己的网站进行发布，只是为了提升网站曝光率和形象，就可以不植入信息，而是将企业广告附在文尾即可。

关于巧妙植入，有一个很经典的案例。一封女心理教师的辞职信引发热评，辞职信只有十个字：“世界那么大，我想去看看。”随后，有人评价这是“史上最具情怀的辞职信，没有之一”。

这封辞职信被传上网络之后，立即成为最大的热点。第一时间，各个品牌纷纷就此事件进行“批示”。

同意！找个男朋友，不要自己走——某婚恋网站品牌

世界那么大，你边走边看——某手机品牌

边走边看，音乐一路陪伴——某音乐软件品牌

支持！世界那么大，美食那么多，一定要尝尝——某团购品牌

风景不等人，租车慢慢逛——某租车品牌

这些品牌只通过寥寥数语，就将热点与品牌紧密结合。这种结合虽然明显，但极具趣味性，使品牌成为热点不可分割的一部分。

4. 热点延伸：判断趋势，守株待兔

因为网络的快捷，热点发生后，当软文文案想要围绕热点进行软文撰写时，往往所有网民都已经知道了。这种情况下，应该如何应对？自然发生的热点事件不像人为制造的热点，是无法预知的。但是软文文案可以通过对众多热点走势的了解、分析，预测热点未来的发展趋势，写好与发展趋势相应的软文，在时间的前面守株待兔。

5. 评述热点：标新立异，填补空白

因为很多热点一闪即逝，很难及时抓住，所以就要在事后加以利用，做“事后诸葛亮”、放“马后炮”也是结合热点的方式之一。很多网络媒体都会进行热点事件的深入报道，而报道题材往往难以在短时间内找到，软文文案可以利用这个空当，从各个角度对热点进行评述，以填补网络媒体采稿的空白点。只要软文没有浓墨重彩地渲染推广对象，文章就很容易被网络媒体采用。

6. 解剖原因：观点深刻，引人深思

在结合热点的时候，不能只将推广对象进行简单捆绑或叠加。在衔接过程中一定要精确地发现和总结热点事件背后的深刻问题。软文文案在撰写热点软文时，只有道明热点因由，才能获得更多读者的关注，引起群体性的共鸣和讨论。而且在分析完热点后，要通过结论、点评等方式将读者的注意力顺利地过渡到推广对象。

7. 搜索优化：逻辑牵引，快速收录

热点本身是靠搜索带动的，所以热点软文不能忽略决定搜索效果的关

键词。热点一旦发生，网民会在第一时间关注、搜索，因此软文的标题和首段一定要包含热点的关键词，这样才会被媒体、搜索引擎快速收录。许多软文文案不能顺利地将热点和想要推广的关键词联系起来，其实只要通过合理的逻辑推导，在两个逻辑链之内，一定能将热点与关键词挂靠到一起。只要将热点软文带上关键词，其搜索引擎优化效果就会得到大幅提升，且不影响软文推广的效果。

热点事件最大的特点是“来也匆匆，去也匆匆”，如果软文文案有幸在第一时间写一篇质量上乘的软文，一定要抓住机会，在最短时间内发布，实现最大效益。

第五节　新闻评论

在众多的软文形式中，最高端的莫过于新闻评论。新闻评论作为一种正统纸媒文体，不仅可以登上头版头条，还可以在主流网络媒体置顶。而新闻评论文体的软文，披着新闻评论的外衣，揣着软文的里子，自然也跟着新闻评论站到媒体的顶峰。

新闻评论，就是对有价值的新闻事实和社会现象发表意见以指导实践的一种文体。新闻评论作为一种写作形式、一种传播力量、一种社会存在，以传播意见性信息为主要目的和手段，是评论性软文最佳的表现形式。新闻评论是慢慢发展进步的文体，网络的出现，将新闻评论划分成两种形式，即纸媒新闻评论和网络新闻评论，两者各有各的特点。

纸媒新闻评论相对来说更加严谨，一般由论点、论据、论证三要素组成，具有政策性、针对性和准确性；因为纸媒篇幅的限制，不能长篇累牍地铺展，主要靠独特的见解吸引读者；虽然主要面向广大群众，但其必须立意新颖，论述精当，文采斐然，且广大群众只能阅读，鲜有参与，也无法互动。

网络新闻评论在纸媒新闻评论的基础上，融合了很多网络元素，比较宽松自由。时效性上一般要求准确及时、反应快速；观点与文风上要求旗帜鲜明、尖锐泼辣；内容上要求题材广泛、形式多样；受众方面更大众化、普及化。

综合对比，可以看出，网络新闻评论是纸媒新闻评论的发展和延伸，网络新闻评论使普通受众能够广泛地、平等地参与其中，而且内容也得到拓展和创新。

网络新闻评论的撰稿人，除了记者、专家、学者等传统纸媒新闻评论撰稿人外，大多是普通网民，当然普通网民包括广大的软文文案。撰稿人的多元化，尤其是普通受众的广泛参与是网络新闻评论的一个重要进步。网络时代，任何一个网民，只要有表达意愿，都可以在网络上发出自己的声音。

网络新闻评论兼具自由发声和高端文体的特点，自然成了营销领域极其看重的阵地。近年来，很多优秀的网络新闻评论其实都是网络软文，都出自软文文案之手，可以说，软文文案将网络新闻评论的优点发挥得淋漓尽致。可是新闻评论毕竟是一种严肃的文体，并不是随心所欲的贴吧，所以软文文案在撰写新闻评论的时候也要注意技巧、文风、新闻辞令等方面的问题。

因为新闻评论的权威性比较高，新闻评论文体的软文往往能得到很好的搜索排名和网络媒体排名。为了迎合高排名，对文稿质量自然也有很高的要求。因此，软文文案就要不断地去改变、提升自己的撰文能力，不断寻找新的方法利用新闻评论来为推广对象服务。类似的努力相信多数软文文案都有尝试过。所谓“悟道，不如听人讲道”，下面针对提高新闻评论软文的撰写、推广问题，详细归纳总结一下。

1. 新闻的选择

“新闻每天发生，视角各有不同”——这是以往的新闻观念。可是网络上就有所不同，可谓“新闻时刻发生，视角从未相同”。每天发生那么多新闻，软文文案应该如何选择合适的新闻进行评论?

首先，为了传播考虑，自然要选择覆盖面广、比较热门的，比如民生新闻。

其次，为了点击量考虑，要选择可读性强、吸引力大的，比如娱乐新闻。

最后，为了软文撰文方便，要选择便于植入推广对象的，以及与推广对象有一定关联性的。

2. 避开新闻风险

无论在世界哪一个角落，总有些非专业不能碰触的话题，新闻评论也是一样。而只为做网络营销、推广的新闻评论软文更是没有必要碰触这些问题。比如两个可以结合推广对象的新闻评论，一个是关于“政治”的，另一个是关于“绿化”的，自然要选择新闻风险小的“绿化”。在避开新闻风险的同时，要选择网民都愿意关注的。只要网民关注，营销推广的目的达到即可。所以用来评论的新闻，要从性质上规避风险，从关注度上吸引网民。

3. 在新闻评论中插入推广对象

选择好新闻，规避了风险，能吸引到关注之后，就要考虑如何在新闻评论中植入推广对象。假设现在要为某围棋培训品牌做推广，随便搜索一篇新闻——《〈名侦探柯南〉未被有关部门下架仍可正常播出》，两者看似没有关联，但只要稍经构思，就可以用新闻评论将两者粘贴到一起。首先对比国内动画片和国外动画片在内容上的优劣；其次否定两者，引出儿童课余时间的利用；最后论述儿童是可以不看动画片的，最好学习国粹、益智的围棋，顺势软性植入品牌信息。也就是说新闻评论只是通往罗马的道路之一，在撰文时，要引领读者思路，通过逻辑推导，将读者带到推广对象的本身或者理念上。新闻的作用是吸引读者，评论的作用是引导读者，真正的目的是让读者阅读并接受推广对象的信息。

4. 合适的媒体发布平台

因为网民对新闻的关注是有时效性的，所以新闻评论软文写好之后，要尽快发布。网络上的媒体发布平台多如牛毛，又该如何选择？因为不同推广对象的行业领域不同，所以发布平台就要具体情况具体分析。

首选是相关行业论坛、网站投放，比如金融软件就要选择某著名金融论坛。

次选是主流媒体，比如新浪、搜狐、腾讯、百度这样的主流媒体平台。

再次是流量高或容易被搜索引擎收录的论坛、网站。

最后的选择是博客、微博、微信等自媒体。

第六节 历史传承

胡适曾说："历史是任人打扮的小姑娘。"而书本上对历史的定义是这样的：人类社会过去的事件和行动，以及对其有系统的记录、诠释和研究。

历史究竟是什么，其实并不重要。在这里重要的是对于软文营销推广而言，企业的历史究竟是什么。站在软文营销的角度来分析，企业的历史是企业所需要的历史。企业的历史是任人打扮的小姑娘，如果企业需要，也可以打扮成壮汉。

对于运用历史题材进行营销推广的软文文案来说，在实际工作中，真实的历史无从知晓，记录的历史没有资料，那么，能运用的，只有演绎的历史了。

企业历史故事营销，是利用演绎后的企业事件、人物、故事或者杜撰的历史，激起消费者的兴趣与共鸣，提高产品营销效果和品牌知名度、美誉度。同时，企业历史故事在情节设计、内容编撰之后产生足够的趣味性、生动性、曲折性，从而克服受众的认知惰性，使受众读完并受到影响，最终达到宣传目的。

企业历史故事能够将品牌、产品从单纯的商品，打造成更容易被消费者认可的情感和象征。历史题材的软文，通过特定的故事，将品牌、产品人性化，让消费者不知不觉地从情感上认可并最终接受观念或产品。

消费者理性的行为，其实是由感性因素驱动的。所以软文文案要用企业故事来引发消费者的感性，进而，感性会驱动理性的消费行为。运用企业历史故事营销，改变以往硬广告的单纯灌输，要学会用生动、活泼、有趣的表达方式吸引消费者的注意。

每个企业的背后都有着很多精彩的历史故事，就算是昨天成立的企业，企业家也有着许多辛酸困苦的经历，而且每段历史都有血有肉，感人至深。

历史无处不在，所以，当软文文案需要运用企业历史进行产品营销、品牌推广时，可以从不同方向去挖掘企业及企业相关的历史。很多软文文案为历史素材而苦恼，其实，只要软文文案在撰文时多留心收集企业的故事素材，就不断会有各种各样的历史故事题材被挖掘出来，以供营销推广应用。

企业历史营销中，最好用的是故事类型，因为故事的表达形式更容易为消费者所接受。企业历史故事既能让消费者汲取经验，又能鼓舞、感染、说服消费者。所以，一般以企业历史故事为网络营销中心，并以网络传播为突破口的企业，在营销环节往往能收获意想不到的成果。

故事能迎合消费者的口味，吸引消费者注意力，在不知不觉间使消费者对企业品牌、产品产生兴趣，轻而易举地达到企业的推销目的。不过，并不是所有的历史都可以挖掘，比如掺杂政治、民族、宗教等因素的历史最好小心处理，因为意识形态及相关内容很容易触发消费者的反感情绪。

在撰写企业历史故事的时候，有很多写作技巧需要注意，比如以下两点：

①私人定制。每个企业的历史在细节上都不尽相同，但是在结构上又极其相似。所以企业历史故事要立足于真实的历史，适当虚构进行创作，故事还要根据企业软文营销策略的需求进行调整，同时兼顾受众的感受。

②细节设置。在企业历史故事中要设定一些特殊的细节描写，拉近消费者与企业的距离，使受众产生身临其境之感，更好地发挥故事的亲和力。

企业的发展成长往往不是一蹴而就的，会有很多机遇、波折、转机，这些历史可以充分挖掘。软文文案在挖掘企业历史的时候，不要拘泥于某个中心或者某种形式，要发散思维，围绕企业展开全方位搜索。

下面给大家提几个线索和事例。

1. 企业发展的历史

吉列是国际知名的剃须护理品牌，吉列公司的创始人原来只是个推销员，后来发明了用后丢弃的剃须刀片，并很快进入生产阶段。但在做了广告之后的一年内，只售出 51 副。

第一次世界大战的到来给吉列刀片带来了机会，战争使易于操作的吉列刀片成了“军需品”，并因此销量大增。第二次世界大战期间，吉列公司仍以“劳军”的名义，把数量巨大的剃须刀作为军用品供应给美军，并影响了整个盟军，使吉列迈进全球市场。

1962 年，吉列销售额达到 2.76 亿美元。在《幸福》杂志美国 500 家最大工业公司的利润率中，吉列排在第四位。1968 年，吉列剃须刀创下了销售 1110 亿枚“天文数字”的历史纪录……

2. 企业名称的历史

1927 年，上海出现了一种新的饮料——“蝌蝌啃蜡”。这种棕褐色、略苦、有气泡的饮料，让习惯喝茶的人望而却步，再加上古怪的名字，导致销售业绩惨淡。

第二年，这家饮料公司公开登报，用 350 英镑的奖金悬赏征求译名。最终，教授蒋彝击败了所有对手，拿走了奖金。蒋彝所译的名字是——可口可乐。而这家饮料公司也获得了迄今为止被广告界公认为翻译得最好的品牌名，它不但保持了英文的音译，还比英文更有寓意。更为关键的一点是，无论书面还是口头，都易于传诵。之后几经波折，可口可乐公司于 1979 年中美建交之后的第三个星期，将第一批可口可乐产品从香港经广州运到了北京，从此融入了中国人的生活。

3. 企业家的创业史

马云出生于杭州西子湖畔的一个普通家庭，先后两次高考失利，第三次高考分数仍然不够，后被调配到外语本科专业。

马云于30岁开始创业，创立杭州第一家专业翻译社——海博翻译社。次年受浙江省交通厅委托到美国催讨一笔债务，结果钱没要到一分，却学会了上网，并在网上为自己的翻译社做了广告。上午10点把广告发送上网，中午12点前他就收到了6个邮件，发送邮件的客户分别来自美国、德国、日本，并说这是他们看到的有关中国的第一个网页。

回国当晚，马云约了24个朋友商谈创业，结果23人反对，只有一个人说可以试试。马云想了一个晚上，第二天早上还是决定干。从这里开始，经历了无数波折，也经历了数次创业，最后缔造了我们所熟知的阿里巴巴帝国。

4. 企业品牌的历史

现在，牛仔裤是全世界的时尚，其代表着美国的牛仔精神和生活方式。而李维斯牛仔裤品牌的诞生却颇富传奇色彩。李维斯于1847年从德国移民至美国，起初在纽约帮兄长打理布料生意，因为听闻加州的淘金热，就带着一批帆布面料辗转到达三藩市。那时淘金者整天在金矿劳作，裤子很容易破损。李维斯为了处理掉自己的帆布面料，尝试着用这种耐磨的材质做成裤子卖给矿工，结果这种结实耐用的裤子大受欢迎，被抢购一空。之后他将布料改进成靛蓝色粗斜纹布，并用铜钉加固裤袋和缝口，这种坚固美观的裤子迅速受到顾客的青睐，大批订单纷至沓来。随后李维斯用自己的名字Levi's为品牌命名。

除了这些，还有很多历史可以用作企业的宣传和软文营销。

行业文化的历史，例如，山、陕商人利用晋商文化历史。

所在地、产品产地的历史，例如，景区可以利用景点所包含的文化、传说。

产品的历史，例如，茶叶品牌利用某种茶叶的历史。

生产资料的历史，例如，酒厂利用自己的千年酒窖、老工艺的历史。

其他方面，例如，与名人有关、茅台酒参加巴拿马万国博览会一“碎”成名、海尔老总砸毁问题冰箱的危机公关，等等。

第七节　打打擂台

我国很多红海市场品牌林立，各品牌竞争激烈，于是各种营销手段齐上阵，围着市场打擂台。营销手段中，最为抢眼的莫过于“对比营销”。我国大部分品牌营销是用欧美营销理念执行的。据美国相关机构对美国电视广告的调查，美国的比较营销在营销中的比例日益扩大，最高时达到八成。因我们的营销手段一直紧跟欧美步伐，所以研究对比营销的成功经验，是十分有必要的。

对比营销的优势

对比营销就是企业通过各种方法，将自己的产品与竞争对手的产品，通过一定的技巧，将两者的实际功能、质量差异清晰地展示在消费者面前，并突出自己的产品在某方面的特性、优势，使受众在潜移默化间接受产品的理念与优势，以方便消费者判断、选购。相比其他营销方式，对比营销更符合目标消费者的利益主张。

企业之所以倾向对比营销，是因为对比营销在市场话语权缺失时极具效用。企业的广告、公关、营销活动、产品开发、渠道铺设、消费者互动沟通是一个长期的过程，需要长时间的积累和执行。而对比营销只需找一个有代表性的对手叫板，在媒体上摆擂台，通过对比环节的巧妙设计，用自己的独特卖点在消费者面前与对手进行对比。就像籍籍无名的拳手直接挑战拳王，不用通过长时间的比赛积分，只要在擂台上赢得比赛，就可以一战成名，夺得拳王的一切荣誉。

对比营销可以快速脱去对手用宣传铸就的甲胄，双方除去外衣和包装，一丝不挂地“对等”竞争。一个成功的对比营销，甚至可以将对手的长期广告投入所积累的品牌资产、品牌附加值、产品市场以及产品形象转化为自己的资产，从而迅速提升自己的品牌价值、地位，在短时间内缩小与对手的差距，或者直接取代对手的位置。

"不怕不识货、就怕货比货"，虽然在网络的推动下，选购形式已经发生了数次变化，但货比三家仍然是消费者最钟爱的选购方法。从本质上讲，市场竞争就是不同产品对同一个消费需求所提供的产品价值的较量。对比是市场竞争的核心所在，没有对比关系，也就不存在所谓竞争。

由于对比营销的结果往往是打倒对比对象，重建推广对象，具有一定的破坏力，所以世界各国出于保护品牌资产，都会制定法律、法规，禁止对比营销。所以在法律的框架之下，如果企业想要进行对比营销，不能简单、粗暴、直接地用自己的产品与对手的产品进行对比。需要针对不同的产品、不同的竞争对手制定不同的对比策略，在遵守法律、法规、行业惯例的前提下，精心运用、实施。这样，在诸多限制下，硬广告等传统营销方式是不可取的，而润物无声的软文就成了对比营销最好的实施方法。

产品之间的差距来源

对比营销的软文，主要要抓住推广对象和对比对象的差距。不同品牌产品之间的差距主要来源于两个方面。

（1）客观存在的产品功能上、品质上的实际差距

品牌概念形成之初，定义是企业对产品质量的承诺，后来成为区分产品质量的标志和保护自我产品的壁垒。现在，在实施对比营销软文的前提下，消费者能够在购买前方便、清楚地判断产品的功能、质量，品牌对于消费者的影响力自然会降低。

（2）品牌在消费者主观印象中的差距

同一行业、同等价位的产品，差距往往微乎其微。而消费者主观印象

上的差距，主要来自对产品所承诺的具体功能、质量的实际体验，还有企业通过产品的营销手段在消费者心目中树立的超出产品具体功能的品牌附加价值。如果软文推广对象的品牌产品与对比对象的品牌产品趋同或者同质化，那么两者的差异就要从品牌附加价值方面着手，品牌附加价值是产品的形象外衣，也是推广对象必须突破的市场壁垒。

对比营销软文撰写的注意事项

对比营销软文在撰写过程中，要从推广对象和对比对象的质量差距和印象差距两点入手，具体撰文中，就要考虑如下八点：

①撰写软文前要挑选合适的对比对手，如果没有明确的对手，同企业产品可以进行品牌区隔，进行内部竞争，吸引消费者选择主打产品。

②在策划阶段要做好完善的、成体系的、长期的对比营销方案和软文撰写方向，否则可能会在“营销战”中功亏一篑。

③对比营销的软文，不能直接说明差异，而是让读者会意，在心中形成对比。

④要客观地对推广对象与对比对象的产品进行描述，不能贬低对比对象的产品。

⑤比较营销软文的最终目的是引起对比对象产品消费群体的关注，而不是挑起与对比对象的舆论战。

⑥对比营销不是促销自己的品牌，而是通过对比凸显品牌、建设品牌。

⑦如果对比对象在重要的特性、性能上占有明显的优势，建议不要用对比营销。

⑧在软文中，要留下线索，让读者能够证明品牌、产品比较的真实性。

针对对比营销的方式、方法和注意点，我们从一个案例着手，进行一下分析和实践。

目前，国内的移动通信市场两家独大，分别是某动运营商和某通运营商。既然运营商较少，市场份额自然就是零和博弈。在大多数情况下，消费者只需要一个电话号码就能满足需要，因此只需选择一家运营商，这就意味着在选择一家运营商的同时，也必然会放弃另一家运营商。

两家运营商面对的市场规模是固定的，因此合理地使用对比性营销软文，让消费者在对比中做出有利于己方的选择，督促消费者购买己方产品或服务就显得十分必要。合理地使用对比软文，就可以达到隐形攻击竞争对手的目的，因此，两家运营商都乐此不疲。下面就是这样一篇软文。

> 一个为事业打拼的年轻人，整天电话不离手。为了拓展业务，每天要打3个多小时的电话，而且常常枕“手机”待旦。可是几个月后，突然感到隐隐的头痛，于是到医院就诊，一系列检查之后，并没有找到病因。于是医生询问年轻人的生活习惯，得知年轻人总是打电话，并且用的是辐射较强的某动G网。医生表示长期的手机辐射会造成不明原因的头痛，并建议年轻人换成辐射较弱的某通C网。
>
> 年轻人并不相信，于是做了一个简单的测试。测试充分说明某通C网由于设计上的优势，手机辐射强度远远小于某动G网。于是换了某通C网。不久后，头痛不治而愈。

这种软文明确表示对比对象的身份，通过简单的对比，针锋相对的火药味十足。对比软文用明示或暗示的方式，标榜的就是“我的比你好，不服擂台见”，从而识别出自己与对比对象在品牌、产品或服务之间的区别。对比软文的两大类方式：直接方式，即明确的对比对象；间接方式，即含糊的对比对象。这软文篇采用的是直接方式，直接方式的对比软文目的就是将对比对象的顾客变为自己的顾客。

当市场上只有两家同类型产品的品牌时，市场就像一堆硬币，分钱的只有两个人，如果一个人想多得，就只能设法从竞争对手那里抢。在文化飞速发展的今天，软文也在突飞猛进，好的对比软文是一种学习，也是阅读享受，可以让消费者牢记产品。我们要将营销的战场变成智慧的角逐，在推广品牌的同时，让读者获得更多知识、信息。

第八节　统计分析

统计分析是指运用统计方法及与分析对象有关的知识，从定量与定性的结合上进行的研究活动。统计分析作为营销策略制定的基础，也是软文营销最为重要的依据。

营销是企业的命脉，然而，国内多数企业缺少营销分析的概念和方法，即使有成体系的营销分析，往往也只是停留在数据汇总的层面。其实在计算机化办公的时代，所有数据都能得到累积、沉淀，只是企业并未有效利用。因此，很多企业每天面对客户，却缺乏对客户群体的了解；每天开展业务，却没有对业务经验进行总结；总是在做营销，却没有系统的统计分析与研究。这些问题导致企业在竞争方面有所欠缺，如果这个欠缺得到弥补或者改善，一定能让企业的营销更上一层楼。

没有营销统计分析的企业，因为没有科学的数据依据，其决策者在企业营销战略制定、品牌产品研发、推广等方面，只能“跟着感觉走”。这种仅凭本能做出的反应，实施运作起来胜算能有多大?

在现实的经营、营销环境中，决策者的每一个决策，都是生死攸关的大事，也都存在着巨大的风险。企业想规避营销环节的风险，就要在营销工作中进行数据的统计和分析，挖掘数据背后的规律和隐含的信息。

数据统计只要运用适合企业的、成体系的、科学的统计方法，并在日常工作中注意积累统计数据即可。因为网络营销的针对性很强，很容易直接到达目标群体，所以网络营销的策略制定和实施投放等环节非常依赖数据分析。需要网络营销的企业，都要提前进行营销数据分析。

网络营销是社会经济发展的必然趋势，网络营销能降低营销成本，扩大市场，给企业带来更多品牌效益和经济效益。网络是一个很大的“空间”，受众群体也分布在不同的网络“空间”之中，如果企业没有找到受众群体，就进行“广撒网”式的投放，很难达到预期目标，会在资金、时间和精力上造成极大的浪费。所以企业不能盲目地进入网络营销，最好在网络营销之前进行营销数据分析，得出一个相对正确的结论之后，再进行针对性的网络营销。

市场营销活动中统计分析的基本内容

市场营销活动中的统计分析方法有很多，主要是指企业建立在统计学基础之上的营销手段及策略，主要包括统计分析的对象、统计分析的数据收集、统计分析的信息处理、统计信息的后期加工等。因为分析的对象、统计分析的数据收集涉及的统计数据处理方法、统计模型、统计工具非常多，这里不做过多分析，只针对软文文案的工作所需的统计分析的信息处理、后期加工，结合实际工作进行分析。

1. 统计分析的信息处理

统计分析的信息处理主要包含两个步骤：一是根据具体调查需求来制定相应的统计学方法，并将所收集到的信息转化为统计数据；二是对收集到的数据信息进行处理。

2. 统计信息的后期加工

统计信息的后期加工包括统计分析数据库的建立和对数据库的实际应用。数据库的建立就是通过对营销的分析结果进行归纳总结，进行数据入库、保存，在逐步积累的过程中，形成企业信息统计的数据库。

具体的统计分析方法

这里以企业自有网站的网络营销的统计分析为例，剖析具体的统计分析方法。做网络营销数据统计分析，首先要对企业自身网站的各个数据进行分析评估，为后期的营销活动打下基础，从而为企业营销策略量身打造一套科学可信的依据。

1. 分析页面流量

一般企业营销型网站，会分为很多页面和板块，不同页面所能带来的浏览量大小也不同，企业可以通过统计网站页面浏览量，分析出可以带来转化率的页面。对于企业营销型网站来说，如果自己的产品页面有大量的点击，这些点击多是目标群体的针对性搜寻行为，则其转化率非常高。但是这一现象并未引起企业的重视，很多企业的页面多是资讯信息，没有全面详细的产品介绍，甚至根本没有产品页面。有效浏览量页面是企业十分宝贵的资源，产品页面的浏览量是最容易转化为消费行为的，所以企业一定要有效利用。

2. 分析页面关注

为了提高用户体验度，国内大型搜索引擎有一致的做法，就是对高度原创的内容加以鼓励，在排名和权重上也有相应的奖励。所以企业要对自己网站的内容页面进行分析，找到搜索量最大，并能获得受众关注的内容，着重打造这些内容，以吸引受众关注，借以带来浏览量转化率，降低跳出率。

3. 分析营销活动

营销型企业网站，虽说主要用来宣传，但其最终的目还是带来线上或线下的成交。一般情况下，单纯的资讯内容很难带来销售成绩，营销活动也是一样。所以，网站的营销活动不应是一成不变的，不管使用什么营销活动，只要最后能带动销售就是好的营销活动。因此，及时分析营销活动的阶段效果，在不同时期做出相应的调整，能帮助企业更好地完善营销活动方案，或改正其中不足。同时，很多企业在同一时间段，会上线多个营销活动，这样的做法会分散受众的关注度，所以，要对每一个营销活动进行统计分析，在众多活动中有所取舍。

4. 分析网站扩展

网络营销相较传统营销范围更广、扩展性更强。企业可以在同一时间段，在多个网络平台进行营销。所以，对于本身存在的高质量的网站，创新、扩展浏览量、提高浏览量转化率是当务之急。企业要通过其他方式、平台加以扩展，将过剩的浏览量设法转移到更多的平台上，比如将网站的浏览量通过内链建设，转移到微信平台，吸引、集中其他平台的用户。

营销活动统计分析的合理应用对企业的市场营销策略制定有着重要的作用。分析结果或者数据库建设不仅能针对同类企业间的竞争情况做指导，而且这些以市场占有率、品牌形象、最终利润为目的的分析，对于产品的市场需求性、消费人群类型制定也起着决定性的作用。

数据类软文的撰写

在此基础之上，软文文案还可以将这些分析结果和数据作为软文撰写的素材，进行软文创作。以分析数据为素材的软文的核心就在于给读者呈现强有力的数据，所以数据类软文就要以分析数据为线索，用文字、图表的方式展现给读者。

在撰文中，通过数据调用、文字信息、图片、表格、评论、举例等方式来穿插、凸显推广对象的信息，也可以引用第三方的数据，加上自己的评论。因此，数据类软文具有较强的传播性、专业性以及简洁性等特点，能帮助企业快速传播品牌的影响力。文章中的专业数据能给读者以专业的感觉，所以可信度比起其他软文就会有一定程度的提高。

在实际工作中，如何写好数据类软文是很多软文文案的瓶颈。方法万变不离其宗，简而言之，数据类软文与其他软文的写作方式大同小异，因为其数据较多，要用一定的方式凸显数据的作用：

①整理数据源。数据源可以包罗万象，但所有数据都要围绕软文主题铺开。

②自身调查。数据可以是作者自己做的调查，这种数据也有一定的说服力。

③整理加工。在现有数据的基础上，运用技巧，进行横纵对比。

④第三方数据。引用第三方数据来佐证软文观点，比如海关、商务部、协会的数据。

⑤搜索集成。很多数据没有直接关联，但是通过软文逻辑可以将它们集成到一起，为观点所服务，比如用手机网民的数量来佐证医院挂号 APP（手机软件）的前景。

我们结合一个数据类软文案例，分析一下数据类软文的写作技巧和数据运用技巧。

> 社交是人类生存、发展的基本技能。任何人都不能脱离社交群体而独立存在。调查显示中国人仍局限于“亲缘社交”，中国著名民间调查机构——“××公司”的调查显示，大多数中国城乡居民不善于社交，尤其是不擅长与陌生人打交道。中国城乡居民沟通指数的总体得分仅为 69.32 分。有 70% 以上的受访者表示愿意结识陌生人，但只有 40% 的人认为自己擅长和陌生人打交道……这些现象要归结为中国城乡居民与陌生人交往的能力不足，结识陌生人的机会较少。所以需要增加社交机会。最后，网络社交是解决之道，比如新推的××社交 APP 就是有效的解决之道……

这篇软文运用数据说明大多数人的需要，并结合现实情况加以阐释，让读者在可信的数据面前，接受问题和问题的解决之道。

第九节　案例分析

案例分析是营销中常用的总结分析方法，不仅应用于营销后的总结，也是软文营销中常用的传播素材。对于软文营销而言，如果想要进行网络推广，无论是想证明产品品质，还是说明产品口碑，都可以利用案例来进行传播。从案例入手，通过分析和总结，软文想表达的意思能够更加明确，同时能使读者更容易接受，其说服力也更强。

案例的内容通常是把决策者的观点和已经发生的典型事件写出来，将案例作为学习与培训的手段，让读者对案例中的决策、行动、方法进行探讨、分析、汇总，并找出解决方案。

案例的意义

案例是生产、生活当中所经历的典型的，且富有多种意义的事件陈述。它是人们所经历的故事当中的有意截取。无论什么样的案例，一般都包含以下三大意义：

①案例对于人们的学习、生活等具有重要的借鉴意义。

②案例是向人们传递有针对性的、有教育价值的内容的有效载体。

③案例作为一种工具，可以用作说服、思考、教育等。

案例的特点

在叙事风格层面上讲，案例是一种叙事性的追忆，带有明显的叙事风格。因此，案例作为一种对典型事件的叙述，应该具备故事性、戏剧性、启发性等叙事性文章的特点：

①故事性。案例较其他文体更受青睐，就是因为案例有典型的故事情

景，能使读者产生身临其境感，并引起共鸣。

②戏剧性。案例一般都是典型事件，有发展、有跌宕、有高潮、有冲突、有矛盾，所呈现的细节能给读者戏剧性的感受。因此，在撰写案例的时候，最好融入一些耐人寻味的戏剧片断。

③启发性。案例在发展过程中会产生多种可能性，这些可能性能引人深思，启发考虑更多的解决之道，这也是案例影响广泛的原因所在。

案例的要素

不同的案例包含不同的要素，所以案例的要素不胜枚举。但案例也有一般规律，无论是哪种类型的案例，都有一些共同点，比如所有案例都包含以下要素：

①真实、复杂、纠葛不清的情境。

②典型、奇特、独具意义的事件。

③问题、冲突、多重观念的呈现。

④独特、新奇、解决方法的总结。

案例的作用

想要了解案例分析在工作实践中的作用，先要了解案例本身的基本作用。概括来说，案例主要有实践总结、大众传播、理论学习三大作用，这些都是软文文案在实际工作中需要用到的，自然也是需要掌握的。

①实践总结。案例的实践总结是企业总结、归档的重要手段，主要基于案例的素材和内容属性。企业的新观点、新方法都是从实践中总结出来的，而案例研究是最好的方法。除了企业自己的案例之外，以商业、营销为主题的案例、文章、著作，也可以作为案例研究的素材和线索，为企业的实践总结提供参考。

②大众传播。案例的大众传播是企业营销可以利用的一种方式，主要基于案例的内容属性。案例的传播就是为了满足受众的阅读需求。在人人

参与的商业社会中，受众对商业主题案例的阅读需求日益增长，案例形式的内容，以其简单易懂的特点，越来越受到欢迎。现在，案例能够在网络上迅速传播，其大众传播模式，也使案例具有很强的营销作用。不同案例有着不同的特质，比如不同内容的侧重点、不同的传播方式、满足不同受众的需求。案例的这些特质，都能为软文营销提供一定的便利。

③理论学习。案例是理论学习、专业教学和企业培训的主要内容，主要基于案例的内容和工具属性。大众媒介的案例传播，让理论学习变得唾手可得，使很多网络学习者从大众媒介中得到学习的机会。同时，更多的学习者，就意味着更多的受众，这就凸显了案例分析类软文营销的价值。

案例分析类软文的写作与利用

在了解案例的基本内容之后，就要设法利用案例的价值。案例分析类的软文，首先要找到合适的案例，然后才能进行案例撰写和分析，并融入推广对象的信息进行营销推广。下面就案例分析类软文的写作与利用，按照流程逐步推敲。

1. 筛选案例

在撰写案例分析类软文时，要让客户提供大量企业案例，然后再找行业案例。在有大量案例的基础上，看到不同案例的不同视角，软文撰写自然有备无患。

在众多案例中找案例，一定要注意案例的代表性、典型性、适量性。没有代表性的案例在阅读过程中会显得苍白无力；没有典型意义的案例，大家已经在工作、生活中司空见惯；案例太多和论据过多一样，会显得过于拖沓。

2. 撰写案例

编写案例是为了帮助读者参照过去的经验，让读者从现实工作中的情况、措施和结果中学到东西。所以，案例要尽量展现各个重要方面的实际情况，让读者在信息对等的基础上找出解决问题的方案。案例分析类软文为了可读性，也要兼顾这些要点。

3. 如何植入推广对象信息

在撰写案例类软文时，可以选择推广对象本身的产品、品牌、事件、营销等案例，这本身就是推广对象的信息。只要注意品牌形象即可。

同时，软文文案也可以通过分析别人的案例，来植入推广对象的信息。这种情况一般要选择同行的失败案例，或者知名品牌的案例，以便读者在搜索事件和知名品牌时，阅读到推广对象的内容。

4. 案例分析

案例分析是一个案例成败与否的关键。案例分析一般应从两个基本角度出发：一是当事者的角度，要站在案例中的主体立场去观察和思考；二是全面综合的角度，要针对案例的内容，运用恰当的理论知识来分析案例。在这两个角度的基础上，就可以进行案例分析。因为不同种类的案例有不同的系统分析方法，这里仅就所有案例分析的共性总结为“三三分析”，即三技巧、三方法、三结合：

（1）案例分析的三种技巧

①针对读者目标全体，做出深刻而有意义的分析。

②找出问题的原因，提出支持性的论据，对比之后再制定决策。

③分析的表达要逻辑严密、条理清晰。

（2）案例分析的三种方法

①系统法：将案例的各种因素与因素之间的关系看成一个整体系统。

②行为法：着眼于组织中各部分的行为以及其行为所带来的后果。

③决策法：找出构成分析逻辑的依据，以此来评价并确定各种可行方案。

（3）案例分析的三种结合

①结合内容：结合案例所提供的内容，围绕内容进行分析。

②结合问题：结合案例所提出的问题，分析解决关键的问题。

③结合理论：综合、正确运用有关理论知识灵活运用。

5. 分析案例应注意的问题

案例分析要简明扼要，不宜长篇累牍，一般不要超过2500字。很多案例分析只罗列资料，而没有对案例进行深入探讨，这样是不对的。一个真实发生的案例，往往包含多种复杂因素，不能拘泥于一点，要细心发掘，发散思考。

第十节　逆向思维

逆向思维是对司空见惯的事情、固有的规律、定论的观点，进行反向思考的一种思维方式。因为大部分思维模式都是“正导向”的，所以逆向思维几乎可以反转一切思维模式。逆向思维敢于在思维上反其道而行，让思维改变以往的轨道，向对立面的方向发展，从问题的相反面着手，深入地进行探索，改变原有、固化的思维导向，从而“为正常思维之所不能”。

最简单也最具有普遍性的思维方式是线性思维，可以简单地分为正向思维和逆向思维两种。人们在工作生活中最常用的思维是垂线思维，也就是像垂直的线一样，即正向思维。可是绝大多数情况下，人们使用了逆向思维，却没有意识到，也并不重视。其实，逆向思维不仅是正向思维的对立存在，也是正向思维的一种补充，应与正向思维处于同等地位。

另外一对思维方式，也是比较复杂、难懂的一对思维方式，就是发散思维和辐合思维，发散的方向是向外延伸，辐合思维的方向是向内聚合。发散思维是由一个起点或多个起点向外发散，没有边界，能找到多种解决问题的答案；而辐合思维只能由多个起点向里聚合为一点，专注于寻找一个解决之道。两者比较常用的是发散思维，可是辐合思维作为发散思维的对立面和补充，能将与问题有关的信息聚合起来，在纷繁复杂的情况下寻找正确的答案。也就是说，当问题只有一个正确答案、解决方案时，人们才会运用辐合思维。因为两者的思维路径与线性思维不同，所以通常情况下，发散思维和辐合思维也被当作逆向思维看待。

逆向思维的特性

逆向思维之所以有着特殊的用途，是因为逆向思维较常规思维有着很多特性：

①普遍性。正向思维是人们基本的思维模式，因为对立统一规律是普遍适用的，相应地就有一种逆向思维的角度，逆向思维也必然在很多领域有着普遍适用性。

②批判性。正向思维是常规的、常识的、公认的或习惯的想法与做法。逆向思维则恰恰相反，是对传统、惯例、常识的挑战，能够克服思维固化，破除经验主义和僵化的认识模式。

③新颖性。循规蹈矩的思维模式容易使思路僵化。而逆向思维能克服这一障碍，在运用过程中，往往能得到出人意料的答案，给人闻所未闻的正确答案和耳目一新的感觉。

逆向思维的优势

逆向思维的存在必然有其合理性，比如逆向思维有着很多的常规思维无法比拟的优势：

①很多问题，运用常规思维难以解决，通过逆向思维却可能不攻自破。

②逆向思维就是一个独辟蹊径的过程，能发现其他人没有重视的点、线、面，从而出奇制胜。

③逆向思维能提供更多、更专注的解决方案，可提供最佳方法和途径。

④逆向思维能将复杂问题简单化，成倍地提高效率和效果。

逆向思维有着这么多优势，将其应用到营销之中，就成了一种能改变市场现状的利器。在市场经济社会里，各式各样的营销方法花样百出、营销思维层出不穷，日新月异的营销市场竞争俨然已经白热化。在这种情况

下，运用逆向思维，从对立的方向或者将原有的思维顺序倒置来分析思考市场的情况，往往能在市场营销中取得意想不到的效果。

逆向思维与市场营销实战关系密切，如果能把逆向思维的思维模式应用到市场营销实战中，那将是一个不小的惊喜。逆向思维除了在营销实战中成绩突出，在网络营销中也颇为有效。因为网络有着无数条通往“罗马”的大道，因而，把逆向思维和网络营销结合起来运作，当一条正向路径走不通时，完全可以踏上逆向路径。

在网络营销实战中，完全可以把逆向思维和网络营销紧密结合，只需把所有网络营销中应用的技巧、方式、方法颠倒过来思考。软文文案在撰写软文时，不要只是从企业的角度去思考，要利用逆向思维将自己想象成读者，让作为读者的自己，给作为软文文案的自己提出问题：为什么选择这个品牌？希望得到哪些实际用途？为什么会信赖这个品牌？当站在读者的角度逆向思考时，能推理出很多软文内容与逻辑，当自己对客户的了解，就像对自己的了解时，网络营销的效果自然会大大增加。

对于网络营销人员来说，无论如何逆向思维，都要围绕最终目标服务，就是让消费者购买推广对象的产品和服务，还要在营销中精准定位消费客户群。网络营销人员围绕这样的目标开展营销，才不会“跑题”、偏离或者违背最终目标。

同时，逆向思维就意味着不同于以往，需要推陈出新，而推陈出新往往伴随着风险。这也是逆向思维营销最难突破的点，因为成熟的品牌往往不敢冒风险。所以成熟的、有效的、没有副作用和反作用的逆向思维营销，就成了推广对象敢不敢冒风险的决定性指标。

风险并不是不可避免的，因为每个企业都有固有的风险。所以软文营销尽量不要挑起新的风险，而是选择用新的表达方式，以原有风险覆盖逆向思维软文的风险，在风险最小化的同时，尝试扭转、颠覆、改变原有风险的属性。

在系统了解了逆向思维之后，如何运用逆向思维做软文营销就要提上日程。目前，网络上多数的销售类软文都是正向地宣传，简而言之就是说推广对象好，或者夸大其词地说推广对象好。当然，多数软文的失败也要“归功于此”，因此，软文文案在规避风险的情况下，可以尝试用逆向思维来写作软文。

逆向思维的成熟类型

逆向思维的软文不仅限于“读者想知道什么就谈什么”，还有很多的成熟的类型可以加以运用。在软文写作中，可以参考下列三种类型。

1. 反转型逆向思维法

这种方法是指从已知事物的相反方向进行思考，产生构思的路径。而事物的相反方向，往往要从事物的功能、结构、因果关系等方面作逆向思考。比如，某品牌的土鸡蛋外壳沾有杂草，厂家却将此事件作为契机，大肆宣传，因为只有生在自然环境下的土鸡蛋才会沾有杂草，这恰恰说明自己的产品是货真价实的土鸡蛋。

2. 转换型逆向思维法

这是指由于解决问题的手段受阻，而转换思考角度，换成另一种手段，以使问题顺利解决。比如，美国户外品牌巴塔哥尼亚采用传统营销方式，在销售上趋于平淡，于是便在销售高峰的星期五鼓励自己的顾客去维修旧物而非购买新品，这个策略帮巴塔哥尼亚赢得了良好的形象和口碑。随着其所宣传的环保理念深入人心，巴塔哥尼亚倡导的生活态度被越来越多的人接受，其业绩也迅速倍增。

3. 缺点逆向思维法

这是一种利用产品的缺点，将缺点转化为可利用的宣传点，化被动为主动的方法。缺点逆向思维法不以克服产品缺点为目的，相反，要通过缺点的展现化弊为利。比如，某酸奶与同类产品相比浓度较高，用吸管吸食时比较费劲。后来通过逆向思维，推导出产品的缺点即优点，优点即卖点。于是，加大营销宣传力度，推出“酸奶不是牛奶，本该更加浓稠，难道大家喜欢加水稀释的酸奶吗”这样的卖点。

第十一节　采访访谈

采访和访谈是应用写作的重要文体之一。采访和访谈相对其他文体而言并不难写，比较容易上手、成文。在营销中，采访和访谈也占有一席之地，其中尤以采访和访谈的软文功能最为突出。

采访是采访者出于大众传播的目的，通过观察和访谈等方法，对信息的收集活动。采访是采访者对客体事物的认识过程，是采访者运用观点、知识、思维方式，通过观察、经过思索而做出分析判断的过程。

访谈是新闻媒体获取资讯的常用方法。访谈过程是一个耗费时间的过程，需要巧妙周全的构建，访谈之前要做好充分的准备，包括材料准备、思想准备等。

在软文营销中，一般受访对象是企业决策者、专家、公关、消费者等。这些带有营销属性的人，决定了采访和访谈本身就是兼具软文的特性，如果采访和访谈在后期得到专业的传播，能产生巨大的影响力。

采访和访谈软文是企业取得消费者信任最为直接的方式。软文文案应该如何撰写采访访谈类软文，又应该注意哪些关键的要素呢？

采访和访谈软文的专业要求

采访和访谈作为新闻题材，要求有一定的专业性，所以在写作过程中，有着一些专业的要求：

1. 用词书面化

在采访的过程中采访者和受访者都是用口语进行交流，但在后期加工编辑时，不能直接用口语呈现，需要用直白的、与现实采访接近的书面词语进行表达。

2. 提问不间断

采访者要引导被采访者回答问题。很多采访者的问题寥寥无几，通篇都是受访者在说，这样的采访访谈文章会让阅读者感觉乏味无聊。最好是采访者问一句，受访者围绕问题回答，并铺开这个话题。

3. 注重目的性

没有闲谈式的采访访谈，所以，采访者的问题和受访者的回答一定要围绕采访目的展开，这就要求采访者提前做好采访提纲，标明重点问题、拓展问题，并在行文中抓住重点。

采访和访谈软文的后期加工

掌握一定的方法，对采访和访谈进行后期加工，能有效提升文稿质量。

1. 对材料进行剪裁

在采访、访谈后，整理所记录的材料时，要根据采访目的，确定内容次序、重点。重点内容详写，次要内容略写，再次就看篇幅需要可写、可省、可略，无须将受访者的话语全部写进去。如果内容过多，可以适当摘取主要内容，但切忌断章取义，扭曲受访者的原意。

2. 现场环境描述

如果采访稿、访谈稿只写语言和过程，会过于单调，所以应该将现场的环境布置、采访者外貌及神态变化等适当地在文章中表述出来，这样能使文章更丰富，更有身临其境之感。

3. 直接引用与间接引用相结合

多数采访、访谈是问答结构的，这样整齐划一的文章在阅读和形式上都容易使人厌倦，所以后期加工可以将直接引用与间接引用结合起来。比如，直接引用受访者讲的故事，间接引用受访者的经历。

可以说，采访、访谈形式的软文是软文的最佳载体，而且采访和访谈类软文与一般形式软文相比，也有着很多先天优势，是其他文体不可比拟的。

第十二节　内幕曝光

在软文营销领域，“大实话”是非常具有传播力的。而曝出各行业、领域的内幕无疑是最大的实话，自然也最具传播力。行业内幕简而言之就是各行业的真实情况、鲜为人知的幕后操作等。这类软文一般少见，一来因为各行业的人都端着行业的饭碗，敢于自砸饭碗的人毕竟不多；二来不是本行业的人一般不知道这个行业的内幕，无从曝光。但是“重赏之下必有勇夫”，网络上，几乎所有行业内幕都是业内从业人员曝出的。这些曝光行业内幕的文章，无论是什么行业，什么曝点，一经曝出，必会红遍半个网络。

网络的自由和网民的好奇心，让网络成为曝光行业内幕的最佳平台。随便一篇曝光行业内幕的文章，都会在短期之内获得大量的关注和点击。比如某网博客的很多博主致力于曝光行业内幕，其中最高的个人博客有3.6亿的点击量，仅过亿点击量的个人博客就有十几个，这一切靠的就是曝光行业内幕。

曝光行业内幕既是机会，也是风险，对于开展软文营销的中小企业而言是一个不错的选择。因为曝光行业内幕很容易牵扯到更多问题，比如引起社会恐慌、产业萎靡等，所以，运用行业内幕曝光进行营销，在曝光软文内容撰写上一定要慎之又慎。

以往的行业内幕曝光并不少见，比如瘦肉精、塑化剂等，但是，此类曝光关系到每一个人，都是行业内的重磅炸弹，也是关乎民生的大事，其影响力和发展趋势很难控制，甚至会超出你的想象，所以要避开此类曝光。

比如2015年年初的国产面膜行业内幕曝光案例。最开始只是一个品牌为了打压另一个品牌，针对性地曝出行业内幕，但此事件被媒体和自媒体传播，开始了一轮接一轮的不间断曝光，最终致使消费者对整个国产面膜行业失去了信心，整个行业销售暴跌。其实覆巢之下，安有完卵？所以为了营销的曝光一定要慎重。即使要曝光也要在小范围内适度地曝光，一般都会赢得广泛关注，同时让推广对象随着爆料的传播，获得更大的知名度和美誉度。

软文文案在曝光行业内幕软文撰写的时候，一定要牢记以下三个原则，并根据实际情况拿捏，不要引火烧身。

①一般用行业内幕曝光进行营销的往往是中小企业。如果中小企业品牌、产品过硬，又不是所曝光内幕中的一员，并确保读者不会将自己也划到内幕成员里，才能着手实施。否则一旦给竞争对手、媒体、消费者留下把柄，就不能安然地隔岸观火了，而是“城门失火，殃及池鱼”的池中鱼。

②行业内幕曝光要适度。要懂得并能够适可而止，要提前设置内幕隔离区，一旦事件出乎意料，向着自己不愿看到的方向发展，可以及时踩刹车。而且，整个操作、传播的过程中要一直保持针对性，千万不要开启轰炸模式，伤及无辜，引起行业内的公愤，不然围剿会变成反围剿，并且敌众我寡。

③行业内幕曝光最好只是曝光小范围内的不良现象，不能指名道姓地曝光企业名称，也不能隐晦地点名，让网民猜测、推测出来某家企业，不然法律上的对决在所难免。

行业内幕曝光是网络常见的营销方式，虽然行业内幕曝光是一把锋利的营销之“刃”，但玩不好是容易“割”到自己的。下面通过一个案例来了解一下。

2010 年 7 月，陆续有部分媒体刊发《深海鱼油大多有问题，专家称造假现象严重》《专家：“深海鱼油”危害超过地沟油》等文章后，各大论坛、博客也相继出现帖文对某品牌进行攻击，例如，《×品牌×产品，希望你能有勇气站出来承认错误》《抵制×品牌集结号：用我们的行动救救孩子》等。随后，这些文章迅速被网络大量转载，备受网民关注。结果，网络及媒体的失实传播，给某品牌造成很大困扰和损失，受害品牌报案，事件策划者被拘留。

当然，行业内幕曝光仍然可以应用在软文营销上，如果企业想要改变现状，彻底颠覆行业格局，再造行业新秩序，而且已经对各种状况做好了准备，可以放手一搏，企业就要尽人事听天命了。

第十三节　新闻策划

很多“新闻”并不是真正意义上的新闻，也从未发生过，那么这些新闻从何而来？答案很简单——Made By Someone（有人刻意为之）。这些新闻的制造者，正是软文文案。软文文案利用新闻策划，大量制造、传播新闻，让推广对象的信息随着新闻进入广大读者的视线。

新闻策划是指在新闻发生和传播过程中，新闻提供者或传播者有意识地介入其中，预设、引导、强化部分新闻要素，目的就是吸引读者关注，直接或间接地实现商业利益的一种新闻运作手段。简单地说，新闻策划是一种以通过对新闻事件的报道来传达宣传信息的营销方式。

新闻策划的基本特性

新闻策划脱胎于新闻，但与新闻有很多不同之处。比如新闻策划的三个基本特性：

①独创性。想让新闻获得轰动效应就要有独到的创意。只有大众闻所未闻、见所未见的新闻，才能让大众耳目一新，因感兴趣而阅读，并向其他人做二次传播。

②多样性。新闻策划的方式多种多样，可以从不同切入点、不同角度、不同内容着手。但无论是何种类型，只要能传播推广对象的信息就具有可行性。

③稳定性。新闻不同于其他文体，其作为社会公共资讯，会长期存在于网络之中，具有一定的稳定性，对于新闻策划中的推广对象，也具有持续稳定的推广作用。

新闻策划作为一种营销方式，非常适合财力不强的中小企业。而且对于中小企业而言，新闻策划无论从机会、成本、效果上考虑都很有可行性。

从营销角度出发，新闻策划以客观公正的视角，来发掘、制造、捆绑大众关注的新闻热点，用最佳的策划手法将推广对象打造成社会关注的焦点。因为新闻策划具备权威性、热点性等特性，促使新闻策划有着硬广告等传播方式所无法比拟的宣传优势。可以满足中小企业对于宣传的迫切需要。虽然新闻不能“择日”只能“撞日”，是可遇不可求的选择，但是如果软文文案掌握了新闻策划的系统方法，在创意的基础上进行延伸，其实每天都有能进行新闻策划的新闻素材可用。

很多不了解新闻策划的人，不理解为什么会有那么多人如此看重新闻策划。其实如果将新闻和策划分开来看，就会发现，“新闻”有无数可能，“策划”有无数方法，两者的组合就像一个正无穷乘以另一个正无穷，只要肯运用、肯创意，就是创意无穷的营销方式。

新闻策划类软文的特性

新闻策划有着很多营销中稀缺的特性，能在营销传播中起到很大作用，而且新闻策划类软文也继承了这些特性。

①垄断性。新闻策划类软文不同于广告，所占的版面是新闻版面，不是广告版面。当然，这种内部渠道是需要经过长期经营、维护、积累建立起来的，具有一定的垄断性。

②可读性。新闻策划类软文之所以能吸引更多读者阅读，靠的不是辞藻、美图的堆砌，而是具有新闻价值和影响力的信息。

③实时性。新闻策划类软文要结合时事才能发挥最大效应，在巧妙的设置下，可以顺着新闻的发展趋势，引导读者走向有利于推广对象的方向。

④强调性。除了利用事件新闻，新闻策划也可以打造针对企业、产品、服务的新闻。而从企业本身挖掘出来的新闻，才是新闻策划的最佳载

体，具有独一无二的强调性。

⑤整合性。新闻策划类软文要经过周密策划、部署、实施，才能达到预期效果。而整个过程，具有极强的整合性。

⑥联动性。新闻策划类软文能够得到传媒的广泛认同，经过策划的新闻软文，在发布之后，能在传媒渠道中自由穿行，不会像一般软文、硬广告一样，在发布环节受制于风格、受制于文体、受制于媒体平台。

⑦经济性。通过横向对比、分析，新闻策划类软文的宣传成本相较其他宣传方式，比较“物美价廉”，效果也是众多软文形式中较好的。在媒体平台、范围上的优势，使新闻策划类软文成为最受欢迎的中小企业营销方式。

在网络时代，企业宣传竞争十分激烈。如何将企业信息以完美的方式呈现在人们面前，成了很多企业需要思考的问题。现在消费者一般不存在信息缺乏或者严重的信息不对称，尤其是在网络的熏陶中，消费者能横向了解很多品牌、产品、服务，在选择产品时，越来越理性。面对这种现状，企业该如何培养消费者的忠诚度、信赖度？在众多宣传推广方式中，只有官方媒体的权威性和公正性是消费者最为认可的，所以，新闻策划的形式就成了企业宣传报道的最佳途径。

可是，新闻的公正和宣传应该如何巧妙地融合到一起呢？新闻策划追求的是客观公正，也正因如此，新闻策划才会具有权威性，才会被消费者接受、信赖。同时，新闻策划还要具有新颖性，这就要求新闻策划类软文在撰写过程中，必须将企业信息与新闻策划完美结合。

新闻策划类软文要将消费者乐于接受的形式和企业宣传信息结合，突破消费者对于传媒的心理防线。那么，如何写出这样的新闻策划类软文就成了最大的问题。

很多人挖空心思去写新闻策划类软文，结果往往不是没能吸引读者，就是不能兼顾新闻策划的基本要求。所以很多软文文案对于新闻策划类软文又爱又恨，爱其立竿见影的效果，恨其写作难度。这里就新闻策划类软文的写作思路和方向，为大家提供一些参考。

新闻策划类软文是由官方媒体发布的，所以软文文案要站在媒体的角度思考，以第三方的角度撰写新闻策划类软文，在正规的新闻格式的基础上，植入推广对象的信息。写作形式要让读者感觉——“这篇新闻是站在客观公正的角度写的”，这样很容易让读者产生信任感。

很多软文文案之所以认为新闻策划类软文难写，归根结底就是找不出新闻点而已，软文文案多数时间都是将目光聚焦在产品或服务上，所以很难找出新闻点。其实新闻点无非就是事件、产品、服务、技术、文化、活动、成就、人物等。

> 事件：如果企业本身没有事件可写，就要针对新闻和推广对象找到共同点，结合来写。
>
> 产品：找到产品的亮点，在亮点的基础上进行发散。
>
> 服务：消费者十分注重产品的后期服务，可以围绕售后展开。
>
> 技术：系统地、明晰地阐述技术优势，明确技术地位。
>
> 文化：多方位挖掘企业本身的文化或与企业有关的文化。
>
> 活动：活动的主题、参会人员、层次都值得深挖。
>
> 成就：品质造就荣誉，荣誉佐证品质，成就是口碑的基础。
>
> 人物：通过树立个人形象带动企业形象的树立。

想要写出优秀的新闻策划类软文，是一个跬步千里的过程，学习和练习都不能少。所以在没有基础时，借鉴、参照同类文章撰写也是一种可取的学习、练习方式。

第十四节　讲讲故事

故事侧重于事件过程的描述，强调情节的生动性和连贯性，适用于各种传播手段。讲故事是最容易传递信息的方式，也是最容易接收信息的方式。

故事类软文是通过讲一个完整的故事，隐性带出产品，使读者在体验故事情节的同时，产生深刻的印象，用最少的信息量拉近与读者的距离，让读者在潜移默化中接受信息，在不知不觉中产生消费行为。从消费心理上分析，也就是说，通过故事使产品产生“光环效应”，给消费者心理造成强烈的暗示，以促成销售。其实，讲故事不是真实的目的，故事背后的产品信息才是故事类软文的关键所在。

故事的素材来源十分丰富，比如企业的产品或服务、企业家本人、消费者体验、企业活动、员工事迹等都可以。故事类软文有着较强的趣味性和可读性，比较受论坛、博客、网站、空间、朋友圈欢迎，也较容易达到宣传目的。

故事类软文的写法对于传播有着很大的作用，所以应该予以重视。故事类软文的撰写比较容易上手，但是如果想要写好、精通却不是一件易事。

网络上常见的故事类软文，其写法一般是通过故事宣扬企业理念、产品优势、品牌价值等，勾起读者的兴趣，让读者产生想进一步了解推广对象的冲动。这种写法看似普遍，但其中也有很多需要注意的地方。那么，一篇好的故事类软文，在撰写中需要注意哪些问题呢？

1. 标题吸引人

故事类软文的标题十分重要，网民多是快餐式阅读，有吸引力的标题才会被网民点击阅读，这样才能事半功倍；不吸引人的标题，每天面对成百上千网文的网民根本不会点击，“事倍功无”。

2. 围绕推广对象展开

故事类软文的目的是把推广对象的信息宣扬出去，但又要避免广告嫌疑。这就需要巧妙的构思，要给故事内容画一个底线和范围，下笔千言都要围绕推广对象展开。

3. 巧妙植入

故事类软文一般是用情节带出推广对象，所以要巧妙地将推广对象的信息植入情节之中。不能让推广对象突兀地出现在软文之中。

4. 逻辑清晰

故事类软文继承了故事的逻辑性，逻辑的牵引是引导读者阅读的基础，所以故事类软文一定要有严谨的故事逻辑。

5. 贴近生活

故事类软文尽量不要去编故事，软文文案应当与故事人物换位思考，故事内容有血有肉，有主观表达，才能让故事更贴近读者生活，为读者所喜欢。

6. 控制篇幅

网民一般会选择短、平、快的文章来阅读，所以故事类软文的篇幅要适中，800 字左右为宜，也就是要在一屏之内讲完。如果故事内容较多，只言片语讲不完，可以分成两篇或多篇。

软文文案在撰写故事类软文时，因为要顾及很多因素，所以在行文中难免会产生很多误区，这些误区会直接影响软文的阅读量。下面为大家盘点一下：

①为了吸引眼球，走上“故事标题党”的不归路。

②辞藻过于华丽，给人以距离感和虚假感。

③故事性太强，使读者忽略了推广对象的信息。

在撰写好故事类软文之后，就要考虑、选择发布的渠道。故事类软文比较适合发布在论坛、博客、网站、空间、朋友圈等网民可以直接互动参与的地方。当然也要具体情况具体分析，比如行业性较强的故事类软文也可以发到技术论坛上。

最后结合一个实例，为大家剖析一下故事类软文。有一篇名叫《网商创业的血泪悲歌》就是典型故事类软文，创业与数字证书看似风马牛不相及，但是这篇文章用主人公的创业经历，逐步推导出数字证书，并在无形中将数字证书的概念、品牌传递给了读者。

现在越来越多的小伙伴在网上创业，但是大家是否知道，网上创业并不是零门槛，是有着很多技术要求的。哥以自己的创业经验给大家讲一讲网络创业的注意事项。

两年前，我在一家体育器材公司做销售，因为工作表现不错，用半年时间，一路从销售代表做到销售总监。公司的业务都是靠渠道开展的，业务渠道自然掌握在老板手里，而所谓的业务总监，不过是商谈细节、迎来送往、陪吃喝玩乐的“四陪”，所以，我的工资并不高。

穷则思变，我就打起开辟网商业务的主意。我和老板商量了一下，可是老板不同意。现在回想起来，老板的想法是对的，体育器材本来就是靠关系、渠道开展的，何必劳民伤财地在网上开辟新阵地。最后，我出了一个方案，大致是我离开公司，自己做一个网商网站，专门做公司的产品，相当于一级网络代理。就这样我摇身一变，变成了一个老板。

接着，我开始了网络平台的搭建，可是出乎意料的是，我的预算远远不够，预算的10万元花完了，网站才刚刚起步。之后又借钱做网络推广，当网站走上正轨的时候，我已经是一个身价50万元的“负翁”了。

还好之后开始有零星的订单飘来，每个月有万把块的收入。期间我公司管网络安全的网管说要安一个数字证书，说是很重要的，能保证网站的安全云云。我当时想，数字证书是个什么玩意儿？而且手头紧得很，就没理这茬儿。

网站上线半年后，我给每一个公司以前没谈成的客户发了一封邮件，邮件里除了寒暄，还附了我的网站。一共发了500多封。万万没想到，其中有7个客户有了反馈，还有一个70多万元的采购单子。

既然是网商，交易自然要在网上进行。客户下午说已在网上付了款，可是我坐在电脑前等到后半夜也没见到款，于是我一边骂银行（事实证明银行躺枪了），一边打电话问客户是否打款，反复几次，客户急了，主语都已经变成“老子”了。这时候我才意识到问题的严重性。

等到网管上班，问对方会计要了付款网站，一看，傻眼了，那根本不是我们的网站，只是把我们网址的一个“i”换成了“l”，但是页面和我们的一模一样。网络小伙说，这是被钓鱼了。当时我心中一万只学名叫作羊驼的动物在奔腾、咆哮。

怎么办？报警吧！结果是，网警忙活了一个月，查到钓鱼网站在美利坚。当时我想冲到美利坚，用鞋底抽钓鱼客，直到抽死。可是，美利坚不是个人名，是一个人人有枪的国家。最后，不了了之。然后客户非说网址是我提供的，再然后就告我，使劲告我。直到现在。

吃一堑，长一智，按照“网管”的意见，得安装一个××牌数字证书。

有了数字证书的保驾护航，我们合法地灭掉了钓鱼网站（但我还是有抽死它的冲动）。在原老板的支持下，公司业务逐步增长。维持到现在，已经回本，并逐渐赢利。

这就是我网商创业的血泪悲歌，波折不断，险些“折”在钓鱼网站上。以后的网商创业者们，我就是想告诉你们，不装数字证书，就是给自己的成功之路挖了一个坑，可以小心，但不能绕行。

第十五节　实用主义

实用主义方法论的根本原则，是一切以效果、功用为标准。在营销领域，从业人员多奉行实用主义，因为营销虽然要兼顾口碑、形象等因素，但最终目的还是综合效果。因此营销在实用主义方法论指导下，准则就是——只有对营销有利，一切皆可以为我所用，或者说“有所为，无所不为”。

在营销形式中，能够利用一切可以利用的，恐怕只有软文营销了。软文以其形式多样、内容包罗万象的特点，成为实用主义“功能”最佳的工具。下面我们来看看如何用软文结合“万象”。

1. 实用的特殊时期营销

特殊时期总是会崛起很多企业，比如被大家视作经济凝固期的 2003 年。这一年正值“非典”，按理说这一年去营销、去办企业并不是一个好选择。但很多企业，以实用主义者特有的智慧，巧妙地将“非典”转化成自己的机会，把“非典”的不利影响变成了利于自己的最佳工具。

2003 年很多商家利用“恐怖营销”“谣言营销”赚了一笔，从板蓝根到白醋，从维 C 泡腾片到洗手液都被炒起来了，但是，这些只为一时利益的不道德行为并不是上乘的营销。

在“非典”时期，还有很多企业从正面、积极的角度，做了很成功的营销。比如汇源果汁赞助《同一首歌》抗击“非典”的专辑。再如蒙牛在第一时间推出了“预防非典”的公益广告和软文。这些企业利用公益活动、公益广告、公益软文，在非常时期开展非常营销，一夜之间在消费者心中树立起了良好的企业形象和品牌形象，是典型的“站着把钱赚了”。

2. 实用的病毒营销

病毒营销是指通过受众的人际网络，使推广对象的信息像病毒一样快速传播和扩散，利用快速复制的方式传向更多的受众。简而言之，就是通过提供有价值的产品或服务，“让受众告诉受众”，通过受众的宣传，实现“营销杠杆”的作用。

现在，病毒营销已经成为网络营销最为独特的手段，被越来越多的商家和网站成功利用。病毒营销最经典的例子是凡客诚品，下面是2010年凡客诚品投放的线下平面广告：

> 爱网络，爱自由，爱晚起，
> 爱夜间大排档，爱赛车，
> 也爱29块的T-shirt，
> 我不是什么旗手，
> 不是谁的代言，我是韩寒，
> 我只代表我自己。
> 我和你一样，我是凡客。

这则“软”到明显的广告语在网络上受到广泛追捧，并以此为模板激发了一场规模浩大的模仿狂潮，最后成为所有网民都知道的软文。

3. 实用的定制营销

定制营销，是指企业在大规模生产的基础上，将每一位消费者都视作一个细分市场，根据个人的特定需求来进行市场营销组合，以满足每位顾客的特定需求的一种营销方式。

比如，可口可乐推出针对中国市场的新包装——快乐昵称瓶。这个活动先利用明星造势，在活动开始前，众多明星、意见领袖都纷纷在社交网络上晒出印有自己名字的可口可乐定制昵称瓶。这些微博随即引起巨大关注，一时之间，各个明星的粉丝和普通消费者纷纷四处问询，想要得到可口可乐定制昵称瓶，更有部分网民表示希望用来向自己的暗恋对象表白。一时间，微博上类似“可口可乐定制昵称瓶到底在哪儿能买到或者定制到？想买给朋友”的询问到处都是。随后，可口可乐与微博微钱包合作推出网络定制销售。消费者在可口可乐新浪微博首页，只需选择自己中意的昵称名，并输入自己的姓名，随后通过微博钱包进行支付邮费即可购买。

之后的四天时间，1600个瓶子，分分钟被一抢而空。当第一批消费者购买完毕之后，纷纷在社交网络上“晒瓶子”，并与朋友、亲人分享。紧接着，第二波、第三波的消费者也被不断吸引过来参与到接下来的“抢购”之中。

4. 实用的事件假借营销

假借可以解释为利用某种名义、力量等来达到目的。事件假借在营销中并不常用，因为很难找到这样的机会。

最近有一个比较典型的事件假借软文案例：《××（指某手机制造商）汗颜：新款发布会主持代言明星均用苹果》。

这里摘取一段：

> ××电子在柏林发布了新款智能手机，当时，一知名流行乐队的主唱出现在台上，他号称要举行“烧毁iPhone（苹果手机）的仪式”。然而之后，有网民发现，这位主唱现实中仍在使用iPhone。显然，主唱为××电子站台，必须要夸赞××的手机，他当时开玩笑说，在参加了××新手机的发布会之后，看到了精美的××手机，回去之后，他将举行仪式，烧毁自己在用的iPhone。不过，最近主唱在推特发表帖子，媒体注意到，他发布帖子所用的智能手机，是来自推特的iPhone客户端。

5. 实用的关联效果营销

关联效果指的是，当任何事情和自己的产品发生些许联系都要抓住并利用。关联效果很容易被实用主义者利用，在软文撰写上也比较简单。

最近就有一个非常好的、可以加以利用的关联效果新闻，但是目前没有见到相关软文。

> 某女士非常爱吃山楂，后经医院检查发现，她的胃腔内竟有两枚直径约5厘米的巨大结石。一般来说，要取出这么大的结石可以通过外科手术，也可以通过胃镜下碎石，但这都不是件易事。吴女士吓坏了，医生最后给出一个治疗方案——喝可乐。喝了三天可乐后，两枚结石都消失了。

这个新闻碳酸饮料企业都可以加以利用，比如可以撰写《可乐既是饮料也是药，可以消融胃里的植物性结石》《20元与20000元，可乐和手术都能除石》等软文，当然这不过是举个例子，碳酸饮料巨头一般不会做这种营销。

实用主义理念的营销，走的是最短路线，无非是采用各种方式获得最好的营销效果。实用主义的运用，还有很多其他可行的途径、方式，这些有待大家去挖掘。

第十六节　游击作战

很多企业在做网络营销时，往往会遇到比较难缠的竞争对手。这些竞争对手一般与推广对象同属一个行业，并将推广对象视作敌人或潜在对手，总是跟着推广对象的营销脚印，不断叫嚣“咱们打一架吧”。

这种情况下，推广对象的网络营销很难开展，因为总是有竞争对手跟在后面搅局，不断复制、覆盖企业的网络营销软文。对于这种“挑衅”式的竞争对手，绝对不能任其“矫情”。要运用各种策略来反击，但是竞争对手的搅局行为往往又是法律管不着的，所以这种反击就要靠游击作战的网络营销方式。

所谓游击，“游”是走，“击”是打，游击就是边走边打，或者打一枪换一个地方，让竞争对手防不胜防，追不上也打不着。游击战的精髓在于敌驻我扰，敌疲我打，敌进我退，敌退我追。遵循合理选择作战地点，合理选择作战时机，快速部署营销软文，合理分配营销方式，战斗结束迅速撤退五项基本原则的作战方式，叫作游击战。

游击战运用到营销领域，就是非正规、不正面地与竞争对手交锋。以网络袭击为主要手段，要具有高度的流动性、灵活性、主动性、进攻性和速决性，并能广泛动员各种小伙伴参战。具体的战术有很多，下面简单介绍几个。

1. 合作营销

合作营销指两个以上的企业或品牌拥有不同的关键资源，而彼此的市场有某种程度的区分，为了彼此的利益，进行战略联盟，交换或联合彼此的资源，合作开展营销活动，以创造竞争优势。合作营销的最大好处是可以使联盟成员以较低成本获得较大营销效果，达到单独营销无法达到的目的。

这种营销手段在费用上是联盟分担，在效果上是联盟成员在支付一部分费用的前提下，都享受了整个收益效果。这种投入小、产出大的营销方式，能增加竞争对手的成本，迫使对手花更多钱，办更少事儿，在营销推广上望尘莫及。下面列举一下合作营销的类型：

①不同行业企业的联合营销。

②同一企业不同品牌的联合营销。

③制造商与经销商之间的联合营销。

④同行企业之间的联合营销。

2014 年雾霾正浓时，某壁挂炉品牌联合空气净化器，对抗其他品牌的壁挂炉和空气净化器。两者在硬广告、软广告上都采用了合作营销，在短时间内取得了极佳的营销效果。两者的品牌在短时内建立了市场口碑，销量也都得到了极大的提升，而且两者只花了一份钱。这种“凑份子”的模式类似众筹，但是两者各出 50 元，却都得到了 100 元的营销收益。

2. 动员围剿

对于中小企业而言，其利益往往是与生产商、经销商、大客户捆绑在一起的，形成了一个一荣俱荣、一损俱损的利益集团。如果站在宏观的层面上看，其实这些生产商、经销商、大客户和品牌是一个“联合上市公司”，看似各管一片，但实际上却有着共同利益诉求。

这样的利益集体是可以通过动员走到同一战线上的。比如某牛奶品牌的网络推广从来都是将奶源地、饲料、奶牛、技术、产品生产线、包装、经销商和自己捆绑在一起。如果这一整条产业链的相关企业都参与其中，将营销经费动员到一起，其量级绝对能让对手望洋兴叹，产生的效益不言而喻。以这样的以百对一的群狼战术围剿对手，不要说猛虎，就算吃掉“哥斯拉”也不在话下。

3. 打脸战术

俗话说："打人不打脸。"但是对于不要脸的竞争随手，与其"打断一条腿"，不如抽其耳光。因为在营销层面，品牌就是企业的脸面。打脸战术的关键，就是专业的打耳光团队，采用专业打耳光战术，在打竞争对手耳光的同时，又不失自己的颜面。

每一个行业都有一些上不得台面的东西，一个在营销上采用不正当手段的竞争对手，其生产环节也必然有着不光彩的地方。如果在网络营销战中运用软文，适度披露竞争对手的灰色信息，也是一个可以参考的思路。

但是，这种操作要注意，如果自身也有不足，就不要试图用这种方式。打耳光是软文创意中的杀伤力较强的方式，一定要在自己能掌控的范围内玩得高明一些，不要让事态演变成市井之间的对骂，也不能让事态发酵成"伤敌一千，自损八百"的阵地战。

4. 知识营销

在这个知识经济时代，很多企业的管理重点都已从生产转向研发，这类企业的网络营销方式也随之发生变化，将知识营销作为企业获得市场的一种重要的营销方式。

知识营销能使消费者在消费的同时学到新知识。知识营销挖掘产品文化内涵，注重与消费者形成共鸣的观念价值，形成与消费者结构层次上的营销关系。

知识营销更注重知识的实用与创新，需要行家或专家的介入才行，是营销对手无法复制与覆盖的，所以这种方式可以作为游击战的一部分，用于终止竞争对手的跟风行为。

5. 整合营销

整合营销是一种将多种营销形式集于一体的全面有力的营销模式。就像一套组合拳，是技术单一的选手无法模仿的。对于竞争对手而言，无论是什么营销方式，都是可以见招拆招、逐步模仿。但是整合营销是对各种营销工具和手段的系统化结合，根据环境和资源进行即时性的动态修正，以使交换双方在交互中实现价值增值的营销理念与方法。

整合营销就是为了建立、维护和传播品牌，以及加强客户关系，而对品牌进行计划、实施和监督的一系列营销工作。整合是把各个独立的营销综合成一个整体，以产生协同效应。这些独立的营销工作包括广告、网络营销、直接营销、销售促进、人员推销、包装、事件、赞助和客户服务等。这种方式不是神仙比宝，不是你亮一宝，我亮一宝，成王败寇的较量，而是我方根据自身情况制定出一套最适合自己的营销体系。这是综合实力的竞争，是竞争对手无法复制的。

第十七节 巧施新妆

在网络时代，品牌、产品更新之快令人应接不暇。时代的步伐是不管这个品牌曾经如何辉煌的，时代的进步就像一台压路机，而品牌就像压路机前奔跑的兔子，只要跟不上时代的速度，就会被压得粉身碎骨，被迫为时代的步伐铺路，为自己的速度付出“肝脑涂地”的代价。

品牌在时代进步面前显得如此脆弱，选择只有三个：要么被时代碾压，要么离开“主路”做二流品牌，要么快速奔跑。每一个企业、每一个品牌都承载着很多东西，比如员工的饭碗，所以企业不能死，品牌不能亡。那么，就只有拼命奔跑。

拼命奔跑也不能盲目奔命，要有一些技巧，比如改观品牌的形象。改观品牌形象，不只是换换 LOGO（徽标），做做 CIS（企业形象识别系统），而是在品牌包装的同时，从消费者心目中进行改观。想要改观消费者的印象，就需要系统的品牌包装。

品牌包装的核心主要有两个方面：一是品牌建设，即品牌产品的外观设计；二是品牌的外部推广。至于品牌的外观包装，软文文案可以给美工提建议，但不需要经手。这里主要讲软文文案需要经手的企业外部推广。

企业的外部推广是企业品牌包装的重中之重，其中以营销与推广为核心，这里就为大家讲一讲如何为品牌巧施新妆。

品牌需要让自己的产品优势尽可能多地传播给消费者，并在传播过程中，打造品牌价值，使其超越自身价值，形成高附加值。在网络高度参与的品牌竞争时代，“酒香最怕巷子深”，所以现在的品牌包装要围绕着品牌的核心概念进行不同角度的延伸，而最佳的延伸路径就是通过网络品牌推广传达品牌新妆。

网络品牌推广在品牌包装中的作用很容易理解，就是把品牌最好的一面呈现给消费者。所以如何呈现美好的一面就成了当务之急。想要树立新形象，不是发一张修过的美图就能达成的，而是需要在潜移默化间影响消费者的印象、认知。说到潜移默化，最佳的选择无非是软文，软文作为能直达消费者认知的工具，不仅是能修改消费者印象的“美图工具”，还是拓宽市场的“隐形飞机”。那么，软文文案应该怎么做才能在无形之间给品牌上妆，让品牌以全新的面貌出现在消费者面前?

品牌推广软文想要重新塑造品牌形象，必须从品牌的原有知名度上入手。

①荣誉是永不失效的勋章，所以在软文中要着重宣传企业获得过的荣誉。

②评价是客观公正的认可，在实际操作中，要收集客户对品牌的评价，这些评价可以直接成为撰写软文的角度。

③印象是潜伏已久的广告，消费者的印象是品牌很重要的资源，很多老品牌在重新塑造品牌时，都是通过改观原有品牌印象来实现的。

品牌推广软文的撰写，要紧密联系消费者对于品牌的原有印象，在此基础上进行软文创作，通过不同的技巧达到最终目的。

1. 抓住重点、明确表达

和所有文章一样，软文文案首先要知道写什么，再去考虑怎么写。软文一定要将品牌的“新妆”作为重点，围绕“新妆”进行明确的表达。

2. 逻辑严谨、条理清晰

在品牌原有印象之上突出“新妆”，很容易在衔接、过渡上出现问题。所以品牌前后的介绍要环环相扣，不能出现逻辑断裂、思维跳跃的情况。

3. 注重细节、迎合情感

细节的表达，能让消费者了解更多品牌信息，也更容易被打动。所以在品牌的理念、慈善事迹等方面可以详细展开。

国内比较著名的老牌换新装的案例当属北冰洋汽水。曾经风靡北京的北冰洋，后因与外商合作，遭到百事“雪藏”14 年。2007 年，中方收回经营权，2011 年北冰洋汽水重出江湖，并通过原有的品牌影响力、老配方老味道、过硬的品质、老北京人的情感认同，迅速抢占北京市场。

第三章

软文战斗的兵法

世界的一切事物都有章可循，就连战争也是如此。软文自然也不能跳出三界五行，一样要遵守一些规律与准则。

本章主要围绕软文的种种规律与准则，为大家划定一个基本范围，让软文撰写“有法可依”“有迹可循”。让大家对于软文的“兵法”有所了解，能在今后的“战斗”中占尽先机。

软文战斗中的编辑统筹是软文必须做的准备工作，就像筹备制作一件精美的丝织品一样。所谓“编”，原指将生丝线按序排缀；所谓“统”，原指将蚕茧抽丝统纪。这两个字正是软文文案工作的基本内容，也是软文准则之一。本章通过各个层面为大家展示如何“编”“统”软文，但并不是为大家提供一张可以索骥的地图，仅是范围、规律、准则、技法而已。

很多软文从业者，对软文有着天然的误解。认为软文只要写出来即可，至于动笔之前需要做的功课全然不知。本章着重阐述了软文写作准备工作，比如了解客户需求、找出推广对象的特点，都是软文撰写前需要了解的。在此一一呈现，希望对大家有所帮助。

第一节　知己知彼，百战百胜

了解客户的需求，量体裁衣

“客户虐我千百遍，我待客户如初恋。”这是一个软文文案的独白，也是现在软文文案必须遵从的基本原则。其实客户之所以会“不厌其烦”地“虐待”软文文案，根本原因往往是软文文案没有领会客户的真正需求。

软文的受众基本上都是网民，因此软文营销就要以网民为本，而网民是情感动物，所以就要格外重视网民性情上的需求。从市场的角度出发，软文文案需要面对的就是客户，客户往往能够直接把握受众网民的需求，所以软文文案首先要了解客户的心理需求与预期。

在了解客户需求时，往往是通过语言交流和文字交流。就一般语言交流内容而言，客户道出的信息，并不都是有效信息。但出于对客户的尊重，软文文案应该保持足够的耐心，认真倾听。在与客户接触时，软文文案越是善于耐心倾听客户的意见，成功的可能性就越大，因为在心理层面，对于客户而言，耐心聆听本身就是一种尊重。

对于客户的需求，软文文案不仅要做一个聆听者，还要观察客户的非语言行为。在与客户沟通的过程当中，可以通过观察客户的非语言行为了解他的需要、观点、想法，从而提出针对性措施，提供差异化的服务。

在通过语言、非语言行为和文字等途径了解客户需求的同时，软文文案要将客户需求进行层次划分，一般情况下分为两大类：根本需求、情感需求。然后针对不同需求的不同特点，定制软文营销策略。

1. 根本需求

软文文案在进行软文撰写之前，必须要清楚客户的根本需求，了解客户进行软文营销到底想要得到什么。比如客户需要在短时间内增加产品销量，软文文案就要在软文中设置能带动销售的“点”。如果客户需要树立品牌美誉度，软文文案就要更多地在行文中美化品牌。所以，根本需求的不同，决定了软文撰写的侧重点。

2. 情感需求

客户的情感往往非常复杂，但如果能够真正触及到客户的情感点，将会迅速拉近软文文案与客户的距离。比如，客户是化妆品行业的，其目标客户都是女性群体，软文文案就可以从情感着手，进行情感营销。

了解客户需求是一门艰深的学问，上述方法不过是简单地了解客户的需求，从而在软文撰写过程中，针对不同需求定制不同策略。要想写出好的软文，还要根据产品特点了解、分析市场需求、目标人群等。而这些林林总总的要素都能决定软文撰写与营销的成败。

抓住消费者的阅读诉求

消费者在阅读软文时，一来是因为被标题、内容所吸引；二来是因为消费者主观上想要通过阅读软文获得信息。那么，作为软文文案，就要主动迎合消费者的诉求，提前知道消费者通过这篇软文想得到什么，想了解产品的什么性能，想知道什么样的专业知识，这些问题都是软文文案需要考虑的。根据这些，软文文案在行文中兼顾消费者的阅读诉求，围绕消费者想要得到的答案来写，如此才能起到事半功倍的效果。

软文要想满足消费者的阅读诉求，通常情况下，要有说服力或者感染力。但是面对消费者的阅读诉求，最佳的解决途径就是直接满足消费者的阅读诉求。营销定位大师特劳特曾说：“消费者的心是营销的终极战场。”软文作为营销的一部分，也需要了解消费者的心理需求，而消费者往往是带着心理需求，并将心理需求转化成阅读诉求去阅读软文，软文自然而然地成了距离消费者内心最近的营销手段。所以，软文文案一定要抓住消费者的阅读诉求。

因为消费者的诉求多种多样，不一而足，我们仅从心理层面的几种诉求着手，笼统地概括为：安全诉求、价值诉求、支配诉求、归属诉求。

1. 安全诉求

安全是消费者最基本的心理诉求，如果软文文案能将产品的功用和消费者的安全诉求结合起来，一定能有效地说服消费者。比如，在“电热水器漏电电死研究生”事件之后，消费者对电热水器的安全诉求突增的情况下，通过软文说明防电墙电热水器的安全性，对于关心电热水器安全的人就是一个有力的说服和购买推动力。

2. 价值诉求

品牌的产生，一部分是因为消费者对品质的追求；还有一部分是因为消费者想要通过品牌的价值，得到别人的认可，就是自我价值实现的满足感。所以软文文案要牢牢抓住消费者的价值诉求，将产品与实现个人的价值诉求结合起来。比如很多限量产品，就是通过产品的附加价值来满足消费者对价值的诉求。

3. 支配诉求

无论是生活、学习还是工作中，每个人都有自己的支配诉求。消费者也不例外，支配诉求不仅是消费者对自己消费行为的一种掌控，也是消费者通过对财富的自由支配，来表现自己对消费行为自信的一种表现。所以，软文文案一定要将其作为软文的重点进行思考与植入。

4. 归属诉求

消费者的归属诉求，实际上就是在社会文化中寻找自我的过程。无论是营销领域还是社会领域，人们都喜欢给自己贴标签，比如小资、白领、达人，等等。而这种贴标签的行为，恰恰是由特色的消费行为、生活方式决定的。带有标签的消费者，往往用特定商品和消费行为来体现自己的归属诉求，并以此来区分自己文化、圈子、阶层的归属。因此，软文文案可以运用消费者的归属诉求来说服消费者，这样的软文关键是要把产品和消费者所推崇的标签结合起来。比如，户外用品就要尽可能地满足消费者对“户外运动人士”标签的归属诉求。

第二节　战前准备，有备无患

分析找出产品的闪光点

在软文营销中，产品的闪光点往往就是产品的卖点。所以在软文撰写过程中突出产品的闪光点就显得十分必要，但是在实际的市场环境里，很多产品、服务都同质化，性能大同小异，很难在软文撰写、营销中进行区隔。这样，软文文案就需要练就一双慧眼，在软文撰写中通过分析，找出产品的闪光点。

想要找出产品或服务的闪光点，能着手的地方有很多，但是重点还是围绕着消费者的认识进行。比如在电脑发烧友的认识中，电脑应该是通过风扇降温的，如果我们要推广、营销的电脑是水冷系统，这就颠覆了消费者的认识，就是这款产品最大的闪光点。

普通产品的运作流程一般是从上游企业采购原材料加工成产成品，通过企业营销网络对产成品进行品牌塑造、包装销售，然后产品进入市场流通，最后被消费者购买。这一长串链条中，一定有产品的闪光点。如果将产品运作流程逐一梳理、分析、对比、细化，一定能找到与众不同的闪光点，最后从全局上整体把握产品的特点，可以深层次地挖掘产品的闪光点，从而围绕产品的闪光点进行软文撰写和营销。下面围绕闪光点的发掘，列举一些办法。

1. 通过产品细分来分析

产品细分要从产品的产业链、竞争情况、发展趋势等角度挖掘闪光点。要凸显一个产品的闪光点，就要在产品细分方面做如下分析。产品是否受惠于国家政策，产品是否前沿，有无未来市场，产品在行业中是否具有竞争优势等。

2. 通过产品的市场竞争优势来分析

产品的竞争分析主要通过分析竞争对手的优势、劣势，自身的关键成功因素等内容展开。比如，参与竞争的产品和生产它们的各家企业、占有的市场份额、对手的经济实力等，还有市场的整体发展趋势、市场容量等。

3. 通过产品特色来分析

在产品介绍部分，需要对产品作出详细的说明，说明要准确，也要通俗易懂，使不很专业的消费者也能明白。产品介绍最好围绕产品与众不同之处展开。

4. 通过产品研发实力来分析

企业的研发能力，是企业产品品质和市场竞争力的一种表现。所以，在梳理产品闪光点时，企业研发投资状况、企业以往研发成就和专利、未来的研发投入预算、研发产品种类等都是可以着重表述的点。

5. 通过消费者消费心理来分析

消费者购买产品，终归是希望产品能解决某些问题或满足某种需求。所以，产品的闪光点可以从消费者能从产品中获得的好处着手。现在市场产品丰富，这就为消费者提供了更多的选项，所以，消费者总是本着货比三家的态度选购产品，这就要求软文文案在挖掘产品闪光点的时候，巧妙地将产品与竞争产品进行优缺点的对比，进而促使消费者做出“正确的选择”。

强调产品或者服务闪光点的软文，最好的布局方式是围绕每个闪光点撰写一篇软文，只有集中文笔，围绕一个闪光点，才能说得更透彻，消费者也才能对这个闪光点更为了解、更有印象，软文的说服力自然就能增强。

根据推广媒体定文字基调和文章风格

很多软文文案都习惯先根据客户需求写出软文，然后再根据软文的风格找适合的媒体发布。其实这种在实际工作中最常用到的流程并不是尽善尽美的。大家都知道不同的产品、不同风格的软文应该出现在不同的媒体上。为了提高软文到达率，软文文案应该改进以往的工作方式，要根据不同的推广媒体，综合客户的意见和软文文案的创意，定性不同的文字基调和文章风格。这样既能一步到位地写好软文，又能满足方方面面的要求。

现在是社会化媒体营销时代，强调内容为王，软文作为一种重要营销工具，首先要适应社会化媒体营销时代，然后才能更好地为客户服务。软文的成功之道，往往不靠以量取胜的小广告，而是将软文的内容作为核心，通过在内容中软性植入推广对象的信息，吸引受众点击阅读，最终完成营销。软文与硬广告在文字基调和风格上相比，硬广告强势，软文亲和，所以软文相较硬广告而言，更为重视媒体的选择。那么，我们应该如何根据推广媒体来选择软文的文字基调和文章风格呢?

首先，软文的语言风格和文字基调要与推广媒体一致。各种媒体的语言风格存在着很大的差异，比如《人民日报》出现一个“给力”，因为与以往沉稳严谨的风格不一致，就引起了极大的轰动。因此，软文文案在撰写软文时，就要充分考虑推广媒体的语言风格和文字基调，并依此来撰写软文。

其次，软文的文章风格要与推广媒体一致。社会化媒体营销中，软文通过网络推广媒体直面受众。而网络媒体多是“用户注册制”，阅读人群相对固定，读者对媒体的文风十分了解。如果媒体中突然出现一篇风格迥异的文章，势必会引起读者细品深究，这样软文很容易暴露。因此软文文案在撰写之前，就要对推广媒体进行调研，至少要了解推广媒体的风格，以便在行文时进行模仿。

再次，软文的推广对象植入要巧妙。推广对象的信息植入环节，应该视推广媒体的规格与种类而定。总体上应该自然，不着痕迹。软文和硬广告不一样，软文中的信息不能不顾软文“断片儿”与否强行插入，而是应与软文内容一体共生。这就要求软文内容要有与推广媒体相同的价值，将软文整体与推广媒体匹配自然，无违和感。

最后，在推广媒体上发布了，并不是软文营销的完成，还要根据推广媒体上的网友反馈，进行适当的舆论引导，即启用“水军”，提高软文的效果，使其发挥最大的营销价值。

第三节　内外兼修，取胜之道

脚踏实地——金玉其外

写作软文的最终目的是为营销，但是要切记，营销并不是“忽悠”。

软文是衍生文体，行文比较自由，可以扎扎实实地进行说明表述，也可以天马行空地自由发挥。但是，软文写作不能只流于形式，如果软文文案只注重软文的形式，一味地求新求异，内容却空洞无物，这种金玉其外败絮其中的软文是不可能得到读者认可的。

软文的关键还是得内外兼修，既要有内容的“干货”，又要有外表的“包装”。

所谓“干货”，就是要求软文在写作中要脚踏实地，围绕推广对象适度地进行表述，不能过分地、脱离现实地对推广进行吹嘘。从阅读感受方面着眼就是内容要具有价值，只有有价值的软文才会被读者认可，也只有读者认可的软文才能成为有价值的软文。

细心观察，除了病毒营销的软文（病毒营销的软文依靠的是趣味性和价值观的传播）这种能够在网络存在并广为传播的软文，其他软文无一不是注重价值的，无一不是有干货的，无一不是读者认可的。软文推广的核心，是价值的传播，因此没有干货的软文，即使有再大的推广力度，也会在网络上举步维艰，止步于读者的接受范围之外。

所谓“包装”，就是要求软文要注重方方面面的“美观”，在语言上要简洁、专业、流畅，在形式上要符合文体，或华美、或质朴。这个比较容易理解，就是同样的商品，加以不同的设计与包装，其价值会有天壤之别，因此软文的适度包装是必要的。

内心高洁——秀慧其中

真正能打动读者的软文，往往是语言平实、真切的软文。这一点出乎很多软文文案的意料。其实干净利落的语言不仅能给读者以畅快的阅读感受，还能让读者感受到作者真诚的初衷。

很多事情的成败在于初衷，软文也是一样，如果软文文案带着蒙骗的初衷去写软文，这样的软文很难从内心感染读者，自然也不能达到营销效果。

如果软文文案采用平实的表述手法，带着真诚去写软文，那么，不论软文的长短与形式，只要围绕一个中心，紧扣主题，本着不欺骗读者、没有虚假、没有欺骗的原则去写，并真诚、真实地把产品的特性描述得淋漓尽致，最后让客户真正了解推广对象，即使读者没有被打动，也不至于产生反感情绪。

实践中的反馈证实，虚假的软文往往没有好的效果，还可能产生负面效果。软文的读者参与网络，且了解网络。那些含有蒙骗成分的软文，经受不起读者雪亮眼睛的检视，往往会被读者一眼看穿。

本着真诚写就的软文，即使被读者看出来是软文，也会欣赏这篇软文。因为真诚的软文，已经如实、集中地将读者想要找寻的信息传达给了他们。

所以软文文案内心高洁，写出的软文必有秀慧其中的“点”。这些“点”通过有选择性、有针对性的投放，传达到不同读者的心中，这样才能真正发挥软文的宣传效果，以达到销售、推广、宣传的目的。

第四章

软文战斗的流程

文章的写作与梳理已是老生常谈。一般的文章在写作之前都会进行一番布局。但对于软文撰写而言，目前尚没有完整的知识体系，原因很简单，软文自成体系，但这个体系建立在诸多文体之上。因此，软文兼有创作、记录、引用、编辑、总结、融合、整合等诸多方面的工作，并不是三言两语或者长篇大论所能言尽的。

本章欲穷尽软文的一切，但囿于软文自身的庞杂繁复与篇幅限制，只能对软文的各个部分进行梳理、分析，并按顺序整理、总结出一定的知识体系。从软文的标题、关键词、开头、正文、结尾等写作要素着手，总结、整理笔者及资深从业者的写作经验，在撰写软文的各个流程上进行知识与经验的阐述。

站在营销层面看，“软文出于‘文’，而胜于‘文’”。原因就是软文在营销领域具有极大的实用价值。如果站在软文层面，软文是典型的实用主义文体，其服务于营销，又要适应各种文体的限制，对于撰写者来说是一个难缠的家伙。

所以，大家在了解软文的同时，也能间接了解各种文体，在了解各种文体的同时也是对软文撰写水平的学习与提高。

第一节　拟定标题吸引眼球

标题的作用

从软文文案的角度来讲，软文标题的主要作用是：概括软文的主要内容、间接推出推广对象、作为软文的线索、作者感情出发点的高度概括、具有象征意义、语带双关、作为软文全文的“文眼”以提示文章中心等。对于软文这种特殊的文体而言，最主要的作用就是吸引读者。

网民接触软文的途径，一般是主动搜索关键词和被动的网页链接浏览。而这两者都涉及一个问题，就是读者如何在十几个标题中快速注意到我们的软文。

其实无论是软文还是广告，首先与读者接触的，一般都是标题。因此，软文标题的好坏，很大程度上决定了读者是否会点击并阅读这篇软文。据广告学方面的资料统计，一个好标题与一个坏标题的点击率相差20多倍。

广告学之父大卫·奥格威曾经说过：“平均而论，标题比文章多5倍的阅读力。”因此标题的重要性也倒逼软文文案提升标题的写作能力。

另外，软文是基于互联网传播的文体，因此，标题中的关键词直接影响搜索引擎的收录，要格外重视。

如何撰写标题

标题是软文的“门面”，直接影响读者对软文的第一印象。因此，软文标题的撰写需要兼顾很多方面，以装饰门面，为读者留下良好的第一印象。软文标题的目的是吸引读者点击，一个软文标题，只有足够醒目，且能让读者看到自己想要的内容，才能引起用户点击的欲望，继而阅读内容。

网络营销领域常说的一句话是：“题好一半文。”简而言之就是取个能吸引读者的好标题，就能在茫茫网文大海中脱颖而出，抓住读者的注意力。那么，要怎样才能写出识别度高、醒目、简单明了、高度浓缩的软文标题呢？

软文标题的样式多种多样，可以不拘一格。其实不管用哪种软文标题的写作手法，最终能不能达到营销效果，还要看软文的整体品质。即使软文标题写得“鬼斧神工”，但软文内容与标题不符也是不可以的。试想一下，读者冲着一个“高大上”的标题点击进来，看到的却是“矮小下”的内容，这种反差只能引起读者的反感，根本不会达到营销目的。

这里仅就标题论标题，为大家总结一些软文标题的写作方法，为大家参考、借鉴、拓宽思路。

标题点名式：将大量推广对象信息贯注于标题当中，最好包括推广对象的名称。

一目了然式：标题要简明扼要、一目了然、有针对性、通俗易懂。

戳中痛点式：利用读者的心理落差，直击读者痛处。

结合热门式：结合热门事件和话题，提高搜索排名。

简短精悍式：长标题会引发读者的厌倦情绪，标题要精、短，在18字以内。

疑问反问式：巧妙地运用疑问句、反问句写标题，引起读者好奇心与阅读欲望。

突出中心式：以简单的词、句作标题，并表达出软文的中心主题。

间接隐藏式：标题没有直接说明软文中心主题，用“兜圈”的方式引起读者好奇心。

提出问题式：以读者关心的问题作为标题，使读者充满对事物、知识的渴望。

悬疑疑惑式：用悬疑、疑惑让读者产生阅读的欲望，并带着求索心去阅读。

思考思想式：标题具有一定思想、文化底蕴，并能引发读者思考。

数字数据式：数字、数据主要起总结作用，数据的权威性能取信于读者。

刨根揭秘式：揭露某种读者关心的秘密，让读者产生不能错过的感觉。

概括描述式：直接描述软文的梗概，以真实、直观的内容吸引读者。

总结结论式：多用于议论文，直接以结论作为标题。

发散联想式：只看标题会感觉匪夷所思，并且标题能呼应软文内容。

流行词语式：用网络流行词语与软文中心主题结合，极具趣味性。

逆向思维式：用违背常理、逆向思维的语句写标题。

骈句对偶式：以骈句、对偶句、对联写标题，引起文化认同与好奇。

趣味回环式：以回环形式写标题，本身极具趣味性。

知音故事式：能引发读者情感、情绪，也就是颇具大众基础的“知音体”。

恐吓警告式：用恐吓、警告等方式写标题，能有效引起关注。

解决方案式：直接提出某种事情的解决方案。

建议提示式：以建议、提示等手法，给读者某方面直观、受用的感受。

夸张放大式：以夸张的方式，局部放大问题、效果等。

牛人说教式：以专家等权威人物的口吻写软文标题。

自由创意式：新鲜、罕见，能勾起读者阅读欲望的一切形式。

利用读者习惯确立标题

当软文文案苦思冥想，“怎样的软文标题，才能被读者点击”时，我们是不是可以进行逆向思考：第一，读者为什么会点击软文标题的链接？因为读者喜欢、需要或者好奇。第二，怎么写出读者喜欢、需要或者好奇的标题？根据读者的喜好来写。

通过“逆向工程”的拆解，我们在撰写软文标题时，就可以从读者的角度出发，去思考读者最有可能用什么样的词汇、语句来进行搜索。

根据网络营销搜索引擎匹配性的原则，与搜索词汇、语句匹配度越高的软文标题，越能在搜索结果中获得好的排名。所以，我们在撰写标题时，首先要根据读者的习惯确定关键词。

根据读者习惯来确定关键词并非难事，只要先将关键词输入百度知道、百度指数，或者通过百度下拉栏的提示，通过这些工具的统计，就会找到大多数读者所搜索的关键词。尽管这些关键词不尽相同，但通过统计、分析与排除，一定能从中找出规律，判断出最合适的关键词，再以这些关键词为基础撰写出最接近读者搜索的标题。这样，软文标题的搜索结果排名靠前，就更容易被读者看到，从而提升软文的营销效果。

“习惯一旦养成就很难改变。”这是多数读者的共性。软文标题根据读者的习惯来写是很重要的。最简单的办法就是读者喜欢什么标题，我们就写什么标题。坚持没有最讨好，只有更讨好，沿着讨好读者的路线跑到黑。要想读者看到软文，就要先让读者在海量软文中看到自己的软文标题。那么，怎样才能撰写吸引读者的标题呢？

①读者都会关注与自身利益息息相关的事，读者关注什么，我们就从哪儿着手。

②好奇是读者最大的习惯，因此能引起好奇心的标题是不能丢失的阵地。

③字数要得当，8～18 字为宜，少不达意，多则乏味。

④标题尽量表明软文中心，不明不白，又不新奇的软文标题，读者没

有时间去看。

⑤我们做的是营销，不是摧毁推广对象。所以在未征得推广对象同意、认可、授意的情况下，不要做“标题党”。

利用标题吸引读者

软文的标题是我们呈现给读者的第一件东西，决定着软文能否广泛传播，达到营销效果。因此，软文给读者的第一印象，既要深刻又不能负面。

也就是说，想要吸引读者，首先看标题，标题对于读者而言，有无吸引力决定着点击率，而点击率决定着成败。

在此，总结了一些利用软文标题吸引读者的写作技巧，为大家集中呈现。

①利用关键词吸引读者。从读者角度着眼，经过工具筛选，确定读者习惯搜索的关键词，并进行筛选与分析，融入标题。

②利用时效性吸引读者。很多读者是将软文当新闻看，所以，软文标题要给读者以具有时效性的感觉。

③利用个性与创意吸引读者。个性是大多数读者所喜闻乐见的，创意是好奇者喜闻乐见的，个性与创意能够激发读者的潜在欲望，而且更具吸引力，因此是软文标题用以吸引读者的上佳手法。

④利用思想吸引读者。现在多数软文的标题空洞无力，所以撰写标题要具有一定的思想内涵，才能勾起读者的阅读欲望。

很多拥有好标题的软文，能在互联网上传播数年。当然这不仅是软文标题的功效，而是一个综合的效应，不能忽略软文品质、推广力度等因素。但是可以确定的是，一篇关键词不当、时效性不强、缺乏个性与创意、空洞无思想的软文，一定在传播之前就胎死腹中。只有在好软文标题的引导下，软文才能“兴风作浪、大有作为”，因此，一个能吸引读者的软文标题有多重要，这里无须多言。

确定标题需要躲避的雷区

软文标题的创作中有很多的雷区，很多软文文案都在此触礁。这里总结一些软文标题的雷区，为软文文案提供一些反面教材，以备日后工作中规避。

软文标题需要遵循一些原则，比如引人注意、融入关键词、明示主题等。软文文案如若违背这些基本原则，就比较容易触动雷区。

1. “史上、第一”——虚假夸张的标题

软文标题的创作要根据推广对象进行调整，标题要符合推广对象的实际。软文可以有艺术修饰，但不能虚假自夸，总是以“史上”“第一”“最好”等字眼开头的软文，多半会被读者认为是“包治百病的狗皮膏药”。显然，这样的软文标题并不受读者欢迎。

2. “必须、唯一”——盛气凌人的标题

很多的软文标题以盛气凌人的架势，意图将自己的意见强加于读者，比如“必须选择”“唯一的选择”“不二之选”等。一篇软文不能强迫任何人做任何选择，但是读者可以选择讨厌盛气凌人的软文。这种长官训话式的软文，是目前读者最为抵触的。

3. “就像、好似”——比喻不当的标题

比喻是软文标题常用的修辞手法。因为比喻生动形象、极富吸引力，很多软文文案比较喜欢用。但网络上也存在着很多比喻不当的软文标题，这些软文标题的喻体与本体没有可比性，使读者感到莫名其妙。

4. “首选、顶级”——违反法律的标题

软文和硬广告一样，标题和内容都要遵守《广告法》的相关规定。

2015年9月1日起，新广告法正式施行，其中明确禁止使用极限用语，如：国家级、世界级、最高级、国家队、最佳、最大、第一、唯一、首选、最好、最大、顶级、最高、最低、最具、最先进、最新技术、绝对等均属于极限用语，这些词尤其不能出现在广告、软文的宣传语中。

除了上述明显的“坑”，还有很多“洼”需要软文文案规避，比如纸媒标题语言不正式、过量插入关键词、不合情景的语言等。

第二节　确定主题关键词

为什么要确定关键词

很多软文文案都知道要给软文添加关键词，于是挑几个看着顺眼的、搜索量高的关键词胡乱添上。但大家有没有想过，难道我们就是为了添加关键词而去确定关键词吗？

一篇软文中，如果有正确、合理的关键词，软文就会抢占先机，既可以让目标受众搜索到，又可以为网站增添效益。但如果确定、添加的关键词不适合，软文就会被束之高阁，无人问津，所以，软文关键词的确定是一门学问。

说到软文的关键词，一般是对搜索引擎而言的，简而言之就是网民会用搜索引擎搜索的词，也就是网民希望通过搜索引擎想要找到的信息的高度概括和关联。关键词可以用以描述软文的核心内容，通过关键词的桥梁作用，更容易实现与网民之间的相互沟通和联系。软文一般是网络营销中的一环，而且软文的投放也越来越趋向于网络，所以这里仅就网络软文的关键词展开，至于报纸、杂志、电视等宣传载体不做考虑。

软文的关键词对于软文的传播有以下重要作用：在搜索引擎推广时，可以通过关键词检索获得好的排名；好的关键词可以提升企业品牌形象和知名度；可以吸引潜在用户；可以提升网站的用户体验；可以降低外链成本等。

可见，确定软文的关键词不仅对搜索引擎优化有好处，还是推广对象与用户之间相互沟通的基本要素，对于网站推广、品牌创建以及销售促进等方面具有重要作用。反之，如果软文关键词不明确，会在网站推广、营销等方面陷入盲目，进而影响软文营销的总体效果。

如何设计关键词

软文之所以需要设置关键词，归根结底是想通过搜索引导读者阅读。因此，在关键词的设计上，软文文案需要重点考虑如何融入关键词，无论是对用户还是搜索引擎，只有融入关键词、长尾关键词，搜索引擎才能更好地判断文章主题与相关性，用户才能通过标题更为精准地找到自己所需要的内容。

软文里添加关键词是一件费心思的事，但是，再烦琐的事情总有头绪，下面为大家介绍一下关键词的设计技巧。

首先，在写软文之初就要对这篇软文的关键词有一个大体的预估，筹划软文时会需要做许多的准备与策划，比如：素材、论点、构架等，同时需要准备的还有关键词和添加关键词所需的契合点，因为不同的行业有不同类型的受众，因此，软文文案要找准行业角度，准确地设定关键词。

其次，就是在实践中如何确定主题关键词。软文文案要根据软文的推广对象，结合相关工具逐一检验，来确定软文的关键词。只有了解受众的搜索行为，才能更好地了解关键词的优劣，其实只需要通过百度就能快速掌握搜索用户所关注的关键词。用过百度的人都知道，当用户在百度下拉框中键入一个词组时，下拉列表中会出现很多相关的提示词组，这些提示词组就是用户大量搜索后，由云端和大数据系统统计出的高频词，也就是搜索引擎默认的最佳长尾关键词。几乎所有的搜索引擎，在搜索一个词组之后都会在网页最下端出现一个叫“相关搜索”的栏，其实“相关搜索”是根据用户搜索行为的统计生成的，自然可以根据“相关搜索”的情况来决定软文的关键词。如果软文是为了与竞争对手进行网络营销战而写，关键词的选择就可以直接参考竞争对手。

最后，当确定了推广所需的关键词之后，就要考虑如何在行文中将这些关键词有机地添加到软文中。在撰写软文时，撰写者总会有既定的方向，因此可以提前想好软文的哪一部分需要用到哪些关键词。先明晰文章的方向，再在编辑软文时将关键词融合进去。

如何突出关键词

突出关键词是软文营销中的重要环节，因为主题关键词的匹配直接影响到软文的传播。突出关键词的重点，并不是让读者看见，而是让搜索引擎看见。那么，我们如何能有效地让搜索引擎抓取到软文的关键词，并提升软文的排名？

1. 标题关键词的添加

标题是一篇软文的搜索之首，可以说标题是整篇软文最有价值的关键词阵地。没有关键词的标题就是丢了西瓜捡芝麻。

2. 标题长度的控制

标题一般不要太长，在18个字以内即可，过长的标题会直接被搜索引擎忽略掉，所以要将主要关键词放在标题靠前的位置。标题要简洁明了，可以省略不必要的形容词，因为中国的互联网用户习惯通过名词来搜索所需内容。

3. 标题内容多元化

标题内容出现的名词性关键词，尽量用一些网民常用、可以通过关键词找到的字眼。如果发布多篇软文或者一文多发，尽量使用不同的网页标题，争取更多的搜索引擎抓取和更大的索引范围。

4. 做好关键词的长尾

对标题进行分析，首先确定多个标题关键词，并从中找到竞争力强的关键词，将关键词长尾化，避免同类软文的竞争。如果软文的关键词不加任何长尾，很容易快速被搜索引擎中的同类软文淹没。

5. 加强关键词的密度

如果软文的关键词密度不够，很难有好的排名，所以需要将关键词穿插在内容中，并多次出现，这样更容易提升搜索引擎的排名。当然，并不是关键词密度越大越好，一般在标题中出现一次，在文中出现三次左右即可，否则会被搜索引擎认作作弊，不予收录。

6. 关键词一定要醒目

开篇说到突出关键词的重点并不是让读者看见，而是让搜索引擎看见。其实关键词对于读者而言也是一种暗示和重点提示。这里抛开搜索引擎来讲，如果将重点段落的精髓内容在排版上进行重点突出，可以提示读者这是重要内容，从侧面增强文章的可读性。

第三节　如何撰写软文开头

营造氛围

软文的开头是吸引读者进一步阅读的关键，而大多数读者都更喜欢故事性的软文，所以软文的开头可以有一定的氛围营造，用情景导入的方法，吸引读者进入氛围。在软文的开头有目的地营造目标所需要的氛围、情境，以激起读者的情感体验，从而调动读者对这篇软文的阅读兴趣。用营造氛围的手法写开头，对于整篇软文的氛围渲染有非常实际的效果。

软文文案在撰写过程中，要将所要推广的产品放到一个特定的氛围和情景中，通过氛围、情景的感染，让读者快速地融入这个氛围、情景中，在无形间接受了软文所推广的产品或者理念。

用营造氛围的方法写一篇好软文并非难事，基本上有一定文学基础的撰写者都能做到，但是营造氛围也有一些需要注意的地方：

①软文开头营造氛围时，一定要有吸引人的要素，而且要素要与推广对象有直接关联。不然，会出现软文的开头和推广对象风马牛不相及的现象。

②推广对象在软文故事中要起到重要作用，比如推广对象就是故事的中心道具。总之推广对象一定是不可或缺的，不能是可有可无的。

③软文中，对推广对象的溢美之词要点到即止，不能大肆地对推广对象进行赞美，否则会被一眼识破，违背了软文潜移默化的基本要求。

直取中军

很多软文文案习惯用绕来绕去的方式去引出推广对象，可是在快节奏化、碎片化、多元化的阅读背景下，这种“山路十八弯”的软文真的有效吗？又有多少读者能随着软文冗长的思路一直绕到推广对象？

所以，软文的开头可以避开一切“弯弯绕”，采用直取中军的方式，直截了当，开门见山。软文开头就开宗明义，直奔主题，简单明了地引出文中的主要人物和故事的“梗”点所在，顺势提出题旨，并在行文中点明推广对象。

用直取中军的方式开头，一定要在开篇百字以内快速切入故事中心，用朴实易懂的语句直接道出主题，绝不能瞻前顾后、拖泥带水。但是在此过程中要注意，一是不能直接暴露软文意图，二是不能直接对推广对象大书特书，是要直取故事的中军，而不是直取推广对象的中军。

打个比方

软文文案在工作中会遇到各种各样的推广对象及行业领域，其中有熟悉的、有陌生的，甚至有闻所未闻的。这些推广对象及行业领域对于软文文案来说是陌生的，对于读者更是如此。所以这类软文的开头，想要让读者快速了解推广对象和所涉及的行业领域，就要用一些小技巧消除读者的陌生感，从而留住读者。

想要把陌生的推广对象及行业领域用浅显易懂的语言描述出来，就要运用到修辞。其实，在软文的写作技法中，修辞是能快速贴近读者的表达方式。因为，修辞具有准确性、可理解性和感染力，并且比其他方式更容易操作，更容易达到软文文案的表达目的。

修辞的常用手法是比喻、比拟、借代、夸张等，这些修辞手法大家并不陌生，以前都学过，而且常用。用修辞手法开头的软文，更便于后文的推广对象导入、展开，更能简单易懂地阐述明白，还可以据此演变出很多开头的方式。

其实，写软文时，软文文案不要被自己设定的条条框框所限制，而要根据不同的推广对象灵活应用。运用修辞开头的撰写方法很多，但无论采用何种修辞，最终的目的只有一个，就是引起读者的好奇，让读者不被陌生事物、领域所难倒，使其有兴趣读下去。

好的开头对整篇软文而言就像门面一样，好的门面能吸引读者，并使之动心。因此修辞的正确运用至关重要。

名句闪光

名人名言、权威论调是伴随着中国人从小学作文到工作实践的一种指导性的存在，这就直接导致多数读者对名人名言、权威论调非常受用。所以，使用名人名言、权威论调开头的软文，能在读者的内心引起一定的认同感，读者会下意识地认为本文非常有文采、有水平。这样，既能提高软文的可读性，又能吸引读者。

在软文的开头，设计一个精练的、能扣题的闪光名句，用以引领文章内容，高度概括、凸显、铺陈软文的主旨或情感。用这种方式开头，不要拘泥于众所周知的名人名言，只要是可以引申出主题，方便故事导入，无论是哪种名言、权威、数据都可以使用。

名人名言、警句本身就可以对软文的内容进行演绎、归纳、解释、论证，因此，当然可以用这些权威性的文字作为软文内容的主题。而且，言简意赅的话语具有一定画龙点睛的效果。所以，通过闪光的名句就能起到先声夺人、“震慑”读者的效果，这样开头的点击量一般比较理想。

新闻造势

用新闻造势开头的软文是软文中的大多数，因为软文毕竟是新闻的衍生文体。在软文营销中，传播的力度和广度是首要因素，而新闻在这些方面就具有无可比拟的先天优势。

用新闻开头的软文有几大优势：

①功能化的推广对象往往没有新闻性，站在新闻的角度没有多少可以挖掘的点。而新闻往往是社会大众极其关注的，所以新闻可以为软文带来

契机和关注。

②一般的推广对象，软文即使通过搜索引擎优化，也很难被搜索引擎抓取，而用新闻开头的软文就可以借助新闻的关键词造势，来获取免费的搜索引擎抓取。

③软文是通过读者阅读来传递内容的，所以软文的传播能力是建立在阅读的前提下的，而软文阅读是建立在读者阅读兴趣的前提下。想要抓住读者的兴趣和关注，就要抓住读者的阅读倾向，而新闻开头的软文则是最佳的解决方案。

从软文撰写的角度出发，用新闻开头的软文要注意的地方有很多，比如：推广对象要与开头的新闻有一定的关联性；开头的新闻与文中推广对象的衔接要自然，不能生搬硬套；推广对象要扣题等。

至于在撰写过程中如何有效地将新闻和推广对象结合，这里以软文大师史玉柱先生的软文 80 字要诀为例：“软硬勿相碰，版面读者多，价格四五扣，标题要醒目，篇篇有插图，党报应为主，宣字要不得，字形应统一，周围无广告，不能加黑框，形状不规则，热线不要加，启事要巧妙，结尾加报花，执行不走样，效果顶呱呱。”

这 80 字要诀，简单分析，无非就是为了让软文看起来更像新闻，用新闻的规则和标准打造软文的权威性和真实性，最终目的就是将新闻和推广对象黏合到一起，借助新闻造势，来提高传播力度。

第四节　正文运筹帷幄、决胜千里

为何要谋篇布局

所谓谋篇，就是合理组织材料。材料的安排要有理有据、有详有略，通过预先设计好的结构，抓住重点，体现中心思想，这样才能使文章重点突出，中心明确。

所谓布局，就是合理安排文章的结构，按照一定次序组织材料，并按需求，把文章按照“总—分—总”等结构进行写作，如果是故事类，就要按照事情发展的顺序去写等。

文章的谋篇布局就像营建一座大厦一样，只有设计好图纸才能开始施工，只有建造完毕之后才能开始内外装潢。要不然写出来的文章会混乱不堪，更不用说中心明确、重点突出了。

其实，无论是什么类型的文章，都需要写作者“谋定而后动”，所谓“谋定”就是文章的布局谋篇。而软文的谋篇布局相较其他文体就要难一点。因为，软文撰写需要在写作中对推广对象本身以及推广对象的素材、文字、数据等诸多元素进行构架和谋篇布局。还要将客户的要求、基本的要素和撰写者的认知，按照软文的中心思想进行铺陈，并按照客户需求，按照营销目的合理地进行排列，将诸多要素无缝衔接，组合成一个整体。即使不能达到这些要求，最起码也要按照需求，对软文结构、组织形式、段落进行安排。

如何布局正文

软文的主题和形式随着不同的推广对象而变化，正文的布局也会有千变万化。虽然软文的文体特点不尽相同：议论型的是论点、论证、论据；故事型的是凤头、猪肚、豹尾；说明型的是特点、阐述、总结，但是万变不离其宗，还是要有开头、正文和结尾。总结起来就是开头要新奇、精彩，能抓人眼球；正文要详尽、丰富，能影响读者；结尾要巧妙、有力，能引人深思。

具体来说，软文布局要做到井然有序——要素排列妥当；气势连贯——万变不离主题；内容一致——不能自相矛盾。具体落实到写作方式上，主要有以下几种方式：

1. 悬念式——疑团推导

悬念，就是故设疑团，并不立刻解答，以此吸引读者，使读者产生好奇，然后在适当的时机揭开谜底。制造悬念通常采用设疑、倒叙、隔断等方式。悬念推导多用于记叙型软文。

2. 片段式——逻辑组合

选择一些典型的片断，并将这些片段按照逻辑组合起来，使这些片段“形神不散”，共同表现一个主题。用片段组合构思的软文，比较适合小篇幅的软文。

3. 抑扬式——百转千回

“抑扬”是软文常用的一种技巧，一般分为“欲扬先抑”和“欲抑先扬”两种情况。这两种方法可以使软文情节多变，百转千回，前后形成鲜明对比，使软文产生吸引读者的艺术魅力。抑扬式多用于故事型软文。

4. 颠倒式——超越时空

利用软文思路可以超越时空的特点，用线索引导，将推广对象或内容通过插入、回忆、倒叙等方式，串联成一个整体。实际上就是将素材和线索环环相扣地链接到一起，围绕一个中心、主题，通过时空的转换组织材料。

5. 对比式——正反论证

对比式是指通过正反两种论据的对比分析，来论证软文中的观点，其结构形式与议论文一致，但其通篇运用双向的对比延伸，可以将论点讲得更透彻，使软文中心更鲜明，材料更有说服力。

6. 并列式——并驾齐驱

并列式指的是软文的基本要素横向分布，各要素之间独立存在，且没有紧密的逻辑联系，但这些要素可以佐证同一个中心主题。并列式软文的撰写相对简单，可以省略其中任意一部分，且各个部分的先后次序不是固定的，只要将各部分写好，就可以任意组合。并列式对于推广对象而言，概括面广，条理性强，能通过推广对象的不同角度、侧面进行全面而细致的阐述。其素材组织形式有两种：一是围绕中心论点，并列提出若干分论点；二是围绕中心论点，铺展并列关系的论据。

7. 层递式——层层深入

采用层递式的软文，在论证时能层层深入，沿着既定的思路步步推进。层递式软文总体上环环相扣，每部分都是有机整体的纵向环节，不能缺少。运用层递式结构撰写软文时，要注意各个部分的逻辑关系。

8. 散点式——形散神聚

散点式指的是围绕一个中心，从几个点上进行发散、延伸与铺排，并投入情感，围绕每个点写一个精美的句段，用一个逻辑贯穿始终，将数个点连成一体，使其成为一篇形散神聚的优美散文。散点式结构的软文层次明晰，语言优美，情感浓郁，适合无法进行品牌区隔、产品区隔的推广对象。

9. 三段式——文形为要

三段式比较常见，就是大家最常接触的议论文形式。三段就是“总—分—总”，运用“总—分—总”结构撰写的软文往往在开篇点题或提出论点；在正文部分将中心论点分割成若干横向展开的分论点，并对分论点各个击破，逐一进行论证；在结论部分进行归纳和总结。三段式结构的软文，有利于加强推广对象与三部分的联系，但总、分、总之间必须有紧密的逻辑联系。

以上这些布局方式，仅仅是众多布局方式中的“冰山一角”。软文本无定式，所谓的布局方式就是为了方便参考借鉴，综合运用，更多的还是需要众多软文文案进行创新。

第五节　编筐窝篓全在收口

收尾的重要性

一篇软文，无论文采几许，内容如何，最终都是要收尾的。软文的结尾，也就到了软文文案与读者短暂的道别的时刻。

无论是文学作品还是新闻，其成功多得益于作品是否有一个好的结尾，因此，文章收尾被赋予了很重要的意义。对于软文而言，一篇软文的结尾，其目的是为了吸引读者继续关注软文的推广对象，或者直接促成购买行为。所以，软文的结尾，对于读者而言只不过是阅读了推广对象相关信息的开卷语，是对推广对象的第一印象。

因为软文收尾的重要性，软文文案会采用多种多样的收尾方式。目的不言而喻，就是希望软文的结尾能让读者印象深刻，进而达成目的，写就营销的前奏曲。所以对于软文文案而言，通过软文收尾的“神来之笔”“画龙点睛”给读者留下一个深刻的印象，启发读者持续关注推广对象是最为重要的。

软文的收尾和大部分文体一样，其目的，一般是对全文进行总结、引发思考、突出主题或呼应开头。所以，相对软文的标题、开头和内容来说，软文的收尾是软文的最后一击，能否打动读者、达到推广目的全看收尾如何。

如何进行正确的收尾

一篇好的软文，标题能够吸引读者，开头能够引导读者，内容能够植入推广对象，那么结尾究竟应该怎么写，又应该起到什么样的作用呢？

通常软文的结尾可以这样结束：重述观点，引发思考，引导读者持续关注，培养读者中的“回头客”。不过软文千万种，结尾的样式自然也不胜枚举，下面简单进行总结归纳，但是这并非教条的程式，只是一些启发，相信软文文案还能据此生发出更多的奇思妙想。

1. 首尾呼应，照应前文

一般议论性软文都是在开头提出问题，需要在收尾处呼应前文；还有的软文用的是“总—分—总”模式，结尾需要与开头相呼应。其实收尾与开头遥相呼应也是国人阅读的一种固有思维，一般软文的开头提出了论题或观点，内容中不断进行分析论证，铺陈“点、据、证”，在收尾的时候，再回归开头的话题。这种议论性软文，相较其他种类，能让结构更加完整，使得软文内容紧凑、浑然一体，给人以“草蛇灰线，伏脉千里”的感觉。

2. 篇尾点题，明暗结合

很多软文在行中，为了不暴露营销意图，往往没有明确地提出观点。所以这类软文需要在收尾时，用简短而明确的语句点出文章的观点，用卒章显志、画龙点睛的手法让读者恍然大悟。点题一般分为明点和暗点，名点就是要紧扣标题、开头，直接说明，解释其含义；暗点就是在词句上与标题没有直接联系，只是在意义上比较含蓄地点出题意，引发读者思考。用点题收尾的软文能够让读者在最后醒悟，了解全文的深意。这种方式能有效提升软文的趣味性，给读者留下深刻的印象。

3. 自然而然，平淡无奇

很多记叙性的软文文体与故事、小说相似，这种文体不必刻意设计结尾，没有必要去雕琢丰富的象征形体，或者呼应前文，只要自然而然地结束全文即可。

4. 抒情议论，寻求共鸣

抒情议论是很多软文的收尾模式，比如记叙性文体和议论性文体。抒情议论的目的就是寻求共鸣，所以用抒情议论收尾的软文，最为重要的就是真实且富有感染力的情感，既能唤起读者的情绪，又能引起读者的共鸣。不过虽然抒情议论有着强烈的艺术感染力，但是因为不同地区、价值观、意识形态的人，对于抒情和议论的内容理解有很大偏差，所以类似软文在投放时应注意找准人群。

5. 名言警句，意近旨远

名言警句有一定的权威性，所以用名言、警句等收尾，能使软文意境深远。这样的软文，用寥寥数语就能表述出深刻含义和耐人寻味的警醒性内容，使读者将这篇软文牢记于心，达到“言有尽而意无穷”的效果。这样收尾的软文，能让软文增色，更能让读者体会到意近旨远的神秘感。

6. 请求号召，祝福呼吁

很多软文是从正向价值传播着手的，向读者提出请求、发出号召或送上祝福。比如推广对象是环保产品，就可以呼吁读者“保护绿色地球”。这种收尾能给读者正面、向上的感受，因此，一般正向的呼吁、请求、号召、祝福都可以用作软文的收尾。

7. 无尾收尾，余味无穷

就像很多小说一样，结尾留白，让读者脱离作者的笔触，自由想象。以没有明确收尾而收尾的软文，更能让读者积极参与到软文的意境与故事之中，这样的软文能让读者自行“脑补”。读者对于故事都有自己的偏好，比如女人幻想完美，男人趋于理性。无尾式收尾的软文，就是利用读者的思维和阅读倾向，让读者自行在心中续写一个自认为满意的结局，从而收获深刻的阅读体验。

第五章

如何扩大战果——巧用网络营销精准突击

互联网时代，信息瞬息万变，任何事情都能在旦夕之间产生巨大变化，“花无百日红”这句形容时尚圈的话拿来形容互联网时代的今天再合适不过。谁能想到早在两三年前备受推崇的微博已经江河日下，被微信抢占了社交网络的半壁江山。而各路精英纷纷放弃了自己的本职工作，在微信订阅号上当起了KOL（意见领袖），他们每推送一篇文章都能引起高点击率和话题性，每推广一篇广告都能获取高额的广告费，他们的运营模式已经受到了人们广泛的关注。而作为软文撰写者就需要了解和学习KOL的营销之道，从微博、微信、邮件等网络平台精准突击软文的鸡肋。

软文营销实战宝典

第一节　微博中的软文推广营销

你相信一个粉丝过百万的微博年收入近百万元吗?

也许，这个数字有点夸张。不过，在微博最流行的时候，给不少人打开了一扇扇机会之窗和致富之路。刚开始，没有人能想到仅仅在微博写上 140 个字，就能给网络带来不可估量的舆论效应。明星们可以利用微博成功地逆转公关危机，重新获得众人的关注；个人可以在微博畅所欲言，成为意见领袖，从草根变成网络红人；企业能在微博上宣传企业文化，培养忠实粉丝；等等。这些都是微博所带来的网络传播力量。

尽管现在的微博并没有以前受欢迎，但是作为推广者仍然不能忽视微博的影响力。

那么我们要怎样利用微博来做推广呢?

成为意见领袖，增加粉丝数

想必你一定听说过“粉丝达到 1 万人就相当于办一份杂志，达到 10 万人就相当于办一份报纸”，这话说的是微博的梯级传播量，粉丝数多了，你每发布一条微博，都会在他们的界面上显示，如果粉丝再转发，信息就会呈梯级式的传播。所以，微博要想方设法地增加粉丝，增加自身的影响力。

在刚开始运营微博时，粉丝数的增加量是非常少的，这需要运营者悉心地推广。运营者可以借助一些草根明星的微博去推广自己的微博和广告，也可以去微博推广网站发布信息，尽可能地将微博信息传播开去。

让粉丝转发评论

微博运营者精心策划一条微博并发布之后，往往会发现明明很有潜质成为热门，但是它总是昙花一现，之后无声无息。要想让一条微博保持热度，就需要有粉丝积极互动。

为了门面好看，不少微博运营者在建立微博之初会去买粉，不过买来的粉丝全是僵尸粉，他们不会与博主进行互动，只是静静地躺在粉丝栏中做个“安静的美男子”。

为了更好地运营微博，买粉是一件无可厚非的事情。而现在除了有买粉的服务，还会有专门给微博评论回复的服务，利用这些互动，可以增加一些影响力。不过要想真正获得粉丝的关注互动，就要靠真实力。在这里也要提醒一下微博运营者，适当的买粉服务可以有，但是不能超过了度，不能误导了消费者。

如何写好微博软文

等微博运营慢慢上了轨道后，就可以在微博上写软文了。

即使你是软文界的高手，也未必能在微博上写得一手好软文。在微博写软文，不能用以往写软文的惯性思维。微博 140 个字的产生，完全就是为了顺应现在的浅阅读文化。如果你还停留在用官方的语言中规中矩地写软文，那必定不能深得人心。

如果你观摩过草根微博，就会发现博主在写微博的时候，是绝对不会用生硬的语言，以纸媒或网媒的官方性风格去呈现内容的。与传统媒体最大的不同是，他们会融入更多的个人情感，嬉笑怒骂皆成文章。作为受众，粉丝也更加愿意接受一个有血有肉的人，在冷冰冰的白底黑字间，与作者达到情感共鸣。

千人千面，不同人写会有不同的情感表达，不是你在文章里展现了自我，就能获得粉丝的喜爱。一般来说，粉丝更加喜闻乐见一个语言幽默、观点犀利、充满正能量的作者。一个个性分明的作者，就等于建立起了个人品牌，鲜明性格特色将会是吸引粉丝的一大法宝。

如果你在建立个人风格的起点上徘徊着，不妨以“卖萌”的风格开始。卖萌式的语言风格，轻松活泼，深受粉丝喜欢。在写微博软文的时候，不妨多点卖萌，多加幽默。

> 火车上所有人都在玩手机。过了一会儿，就有一些人抬起头，目光呆滞地看着窗外。他们的iPhone没电了。没多久，又有人手机没电了，只能望窗外的景色。他们是Android（安卓）用户。突然，火车出现事故，一部分人拿着诺基亚砸开车窗，跳了出去。

这样的软文故事，能够一下子就抓住人的眼球，也让人记住里面产品的特性。

总的来说，微博软文可以分为三种类型，撰写者不妨照着这三个套路来模仿学习，最后跳出框架，找到具有个人特色的软文风格。

1. 分享软文

从用户角度去宣传产品，让人们更加信服。就像不少博主明明是卖家，偏偏装成买家秀一样。对于产品，以用户心态做评价，就像这样一篇软文：“最近痘痘突然冒出来，颜值瞬间下降，幸好用了这个自制面膜，妈妈再也不用担心我长痘痘了，不说了，我要去打豆豆。”配图是自己使用面膜的样子，然后在评论里以回复粉丝的口吻说这是什么牌子的面膜。

在这里分享一下最近的热门新闻，说的是一个90后女孩卖毒面膜的事件。女孩卖毒面膜损人利己，这点绝对不能模仿，不过她的软文营销之路却很值得参考。

首先，她在天涯发文，以第三者的口吻说遇到一位惊为天人的女子，然后发布美女照片，其实就是她本人，还很巧妙地留下了微博账号，引起天涯涯友关注。接着，她又顺应微博的热门话题“敢露额头才是真美女”，发布了自己露额头的照片，凭着她的美貌，瞬间又获得很多人的关注。一旦成为了网络红人，她就在微博上发布自己使用面膜的照片，不断地夸面膜给她带来肤如凝脂的效果。因为她那种亲身试验的口吻，立马引来不少人购买。

在写分享软文时，一定要用“处处为他人着想”的语气来写，千万不能写得过于官方。

2. 炒作软文

如果没有炒作，可能很多没有过硬作品的大明星也不能像今天一样大红大紫。同样的，产品推广，也需要适度的炒作。

炒作式软文，不需要花费大量人力物力去制造事件，只要有对时事热点的嗅觉，及时对热点新闻进行“回锅炒”，发表一下犀利的观点，就可增加微博人气。

3. 创意软文

在模仿成风的当下，创意成为了最真诚的献礼。一条创意十足的微博，会令人心甘情愿地转发，因为转发可以展现出他们与作者一样的“高逼格”，评论可以展示他们的思想高度。一条新鲜有趣的微博，对粉丝的吸引是致命的。就像杜蕾斯微博策划的事件营销“雨夜传奇”，在网上引起粉丝的疯转。在创意上，可以多参考诸如杜蕾斯这样成功的品牌微博。

第二节　微信中的软文推广营销

微信现在非常火爆，这让很多品牌推广不能小觑这一块，品牌推广也一直纠结于微信应该怎样营销。尽管微信已经成为人们线上互动沟通的一种重要方式，但是微信营销现在还没有发展出固定模式。可以说，每个想通过微信进行推广的品牌，在运营微信时，都是在没有章法中尝试打出一套章法来。

难道我们就无迹可寻了吗？也不是，在微信运营中，有不少优秀的案例值得学习，通过总结这些优秀品牌的微信运营模式，会发现作为软文撰写者需要跳出“仅仅是写软文”这一思维框架，从一个运营媒体角度去经营微信。

下面我们通过几个案例来分析微信中软文的推广营销。

杜蕾斯微信的活动营销

杜蕾斯品牌的网络推广模式十分优秀，无论是微博还是微信，都能成为可供业内人士参考的营销案例。在微博营销中，已经获得了巨大口碑的杜蕾斯在微信上打出的是另外一套章法。

首先，微信上的“杜杜”除了继续卖萌外，还开启了“杜杜小讲堂”“一周问题集锦”等栏目，积极与订阅者互动。

此外，杜蕾斯最广为大家熟知的是免费福利。杜蕾斯曾经推送过这样一条活动微信：

“杜杜已经在后台随机抽中了十位幸运儿，每人将获得新上市的魔法装一份。今晚十点之前，还会送出十份魔法装！如果你是杜杜的老朋友，请回复‘我要福利’，杜杜将会继续选出十位幸运儿，敬请期待明天的中奖名单！悄悄告诉你一声，假如世界末日没有到来，在临近圣诞和新年的时候，还会有更多的礼物等你来拿哦。”

据统计，活动一推出，杜蕾斯就收到了几万条回复，新增了几万粉丝。接着，不少品牌和自媒体也相继给粉丝们赠送礼物或者折扣福利，它们的活动也收到不错的推广效果。

免费福利人人爱，微信推广可以多策划一些多多益善的活动营销。

微媒体微信的关键词搜索

微媒体立足于传播新媒体营销思想、方案、案例、微博营销知识等。微媒体在运营上，十分熟悉订阅号的“游戏规则”，为了打破订阅号每天只能推送一条消息，满足订阅者看到更多营销案例的愿望，微媒体通过后台的菜单管理，让订阅者通过发送关键词，对话框弹出信息回复，去接收更多的推送内容。

订阅号在管理上设置了很多权限，如何突破常规，让订阅者接收到更多信息，就需要运营者多加思考了。

星巴克的音乐推送微信

使用过微信订阅号后台的人，也许会抱怨后台的不稳定和各种权限，但是就连他们也不能否认微信为了创造更好的自媒体传播平台所付出的努力，单看订阅号强大的后台功能，就足以让我们心存感激了。

只是，你拥有了这些功能并不代表你就能玩得出色，就像拥有了强大武器的战士也不一定能在战场上战无不胜。要想在微信推广中屡战屡胜，还需要有星巴克一样的创意。

星巴克推出音乐营销，就是让订阅者通过发送表情图片，来表达当时的心情。星巴克会根据不同的表情符号，选择相关音乐来回应。

这样的推广营销，以情感诉求为出发点，满足发送者一定的情感诉求，让他们觉得微信背后不再是一个冷冰冰的品牌，而是能产生情感链接的平台。

小米的客服营销

小米的口碑是靠粉丝累积起来的。从一开始小米的定位就非常明确，没有粉丝就没有天下，所以小米非常注重培养忠实粉丝，也非常关注粉丝们的想法。在微信营销上，小米也一直贯彻了这一点。

小米在微信上推出了9∶100万的粉丝管理模式。为了不漏掉任何一位粉丝，小米坚持回复100万粉丝的留言，这意味着后台需要有9名客服人员。他们每天的工作就是，打开电脑在小米微信后台一一回复粉丝的留言。

虽然这样的人员耗损不是所有企业都能担当得起的，不过，为了提升用户对品牌的忠诚度，还是建议尽可能地重视微信留言回复，只有这样做才会慢慢培养起用户的黏性。

1号店的游戏式营销

除了事无巨细回复粉丝的留言，还有一个很好的互动方式，就是推出游戏活动。就像1号店在微信当中推出了“你画我猜”活动。这个游戏规则就是，1号店每天推送一张图给粉丝，如果粉丝答中图片答案并且在名额内，就可以获赠奖品。这样的游戏活动，大大提高了粉丝的参与度，也能不断吸粉。

上述案例都是从整合营销的角度去运营微信的，那么如何结合活动（或产品）在微信中写软文呢？

要相信，“内容为王”永远是微信营销的灵魂。

有价值的东西永远是被人青睐的，写微信同样如此，不要以为这个微信公众号是推广品牌的一个平台，我只要不断在这里输出品牌信息就好了。这样做就等于自己给自己的微信判死刑，因为根本没有粉丝会愿意浪费时间去看一个乏味单一的微信公众号。微信平台输出有价值的内容，才会带来更多的粉丝，才会增加粉丝的黏度，培养出粉丝的忠诚度，微信的软文营销才能得到发展。

①做内容就要像一个挖井人，将每一篇文章当作井一样挖掘深度，才会有人看，才会有人愿意分享转发。有深度的文章具有传播性和可读性，驱动着粉丝助你病毒式传播。当你的内容承载着产品，那么这样的传播就会扩大宣传效应，让读者成为客户，企业销售的产品将会从线上导入到线下，转化为销售。

②微信的出现，令人们重新认识了自媒体的价值。实际上，人人都可以成为自媒体，人人都有话语权，只要你有内容可以输出。微信软文的撰写者应该把自己看成一个完整独立的自媒体，输出有态度、有观点的内容，不要人云亦云，要成为引领人们意见的 KOL（意见领袖）。

③专注，能让一个人走得更远，会让一家企业更有未来，微信平台同样需要专注。喜爱时尚的人关注衣服搭配，热爱汽车的人会看汽车微信，那么无论是说时尚的微信，还是介绍汽车的微信，只要能给它们的粉丝想看的内容就可以了。如果一个微信平台输出包罗万象的信息内容，就会令粉丝困惑，这会影响微信的自我定位。要记住，微信内容输出要具有专业性，才能提升品牌的影响力。

④微信上软文最关键性的一个环节，就是取个好题目。一个好题目是决定人们打不打开看的重要原因，也决定了初期的点击量，有时候写好一个标题比写好正文还要重要。在还没有确立微信平台的风格之前，可以参考以下的微信软文标题的技巧。

一是提问式标题。通过提问引起关注，触发粉丝的兴趣，产生共鸣，特别适合于教程式和分享“干货”的文章，像《如何利用网络书签做网络推广和网站优化?》《如何让您的关键词出现在百度搜索结果的左侧?》简单明了，又容易勾起人们的阅读兴趣。

二是悬念标题。这类的标题尽量让人感到惊讶，还没看正文就开始联想纷纷，既有启发性又充满不得不看的悬念感，像《做到这十点你就能让小鲜肉和帅大叔投怀送抱!》《女人啊，你再不这样做就要成为黄脸婆了》。

三是对比标题。通过对比同类产品，在标题中突出自身产品的独特之处，令人们增加对产品的印象。但是需要注意的是，相关的广告条例规定，不能直接提名竞争对手作对比，因此使用这种标题要有技巧性。可以参考台湾中兴百货曾经出现的海报广告《思想的天使，肉体的魔鬼》和《上海只适合做爱，不适合恋爱》这种既有对比又有悬念的标题。

第三节　邮件推广营销

邮件营销是指企业通过电子邮件向目标客户传递有商业价值信息的营销手段。据统计，我国有超过2.5亿的电子邮件用户，这个数字还在不断增加。这是一块无可限量的市场，即使是广为撒网，也能找到目标客户，达到营销目的。

那么邮件推广营销应该怎样做?

需要认识到很多邮件设置了垃圾邮件识别，像未经用户许可向他们发送邮件，或者发送量巨大、发送频率高的邮件，都会被识别成垃圾邮件。在邮件推广的时候，就需要避开被设为垃圾邮件的门槛，能让用户有兴趣打开来看。

根据用户邮件使用习惯的数据显示，用户首先对于熟人发来的邮件较为信任，其次就是有邮件主题、曾经打开过且有价值的邮件等。因此，在撰写邮件软文的时候，就有几点值得注意了。

首先，你必须有一个标题。标题不能过于时事性，也不能标题党，否则用户在第一次看到的时候，会很自然地把邮件归为垃圾邮件。标题要尽量精简，提炼出正文最想表达的东西，例如活动打折，就可以直接在标题写出××打折优惠。

其次，在编辑的时候，也不需要花费大量的精力设计版面，不然用户就会当成广告，想也不想就删除了。

最后，和标题一样，正文也需要尽可能的精简。一般用户在打开邮件6秒后，就能判断这是不是垃圾邮件。软文撰写者要在正文里简单明了地表达出产品主要信息，再在附件里添加更加详细的资料信息。不用担心用户会在阅读后马上删除，这样反而能帮助你更快地筛选到目标客户。

一般来说，电子邮件营销适用于针对性比较强的客户，最好在客户已经熟知你的前提下发送电子邮件，不然一般人在收到陌生邮件时都会选择删除。撰写者要竭尽所能地优化邮件，确保用户收到后，有兴趣打开邮件阅读，并且不会被对方的服务器拦截下来。撰写者在编写好邮件后，预览一下窗口，检查行文是否啰唆，对邮件多做“减法”，最重要的是做到三言两语就能直切主题。整理好一切后，先把邮件发给自己，让自己体验一下，如果感觉邮件稍有不妥，要及时做出调整。

第四节 事件营销

什么是事件营销？

通俗来说，事件营销就是企业策划出一些吸引眼球、具有新闻价值和社会效应的人物或事件，以提高企业或产品的知名度，是国内外最流行的公关和推广手段，很多为人熟知的炒作，都可以归为事件营销。

那该怎样进行事件营销呢？

事件策划

一般来说，大众都有猎奇心理，越是新奇反常的东西，越能激起他们的兴趣。策划事件可以结合当下热点事件，配合宣传炒作，体现新颖性。

结合品牌策划事件，符合新闻操守

千万要记住，无论策划的事件多么有噱头，都要和品牌结合在一起宣传，否则就是买椟还珠。另外，策划者还要有新闻操守，不能为了制造舆论效果，盲目制造些不符合事实的事情出来。

吸引媒体关注

事件营销必须要有新闻媒体的传播，媒体的介入能瞬间把事件热度推向高峰。策划人员事先要想好该怎样把事件透露给外界，透露什么，透露多少，这些都要经过斟酌，而且还要保证事件会一直受到你们的控制，朝着预期发展。

具体的传播路径有以下几种。

1. 写好软文

事无巨细地斟酌好事件的公开程度后，就开始写一篇能吸引人的软文了，文章主角最好是爆料者、目击者，从第三方角度描写事情经过，如果有把握能拿捏好，不妨夹述夹议，又或者以别人的观点去评论事件，目的就是为了制造舆论点。

2. 以图文并茂的形式写软文

“无图无真相”，这是网民评论里最流行的一句话，这句话很好地说明了网民的心理，他们需要更直观的感官刺激。没有图片就等于没有事实，就算文章说得天花乱坠，没有图片就等于没有群众基础。因此，在写软文的事件时一定要贴上相应的图片，才能赢得关注。

3. 寻找媒体平台传播

策划者可以主动寻找相熟的媒体朋友发布，也可以利用网络平台发酵事件。事先准备好大量的平台账号，如论坛、微博等账号，在发布图文并茂的帖子之后，使用这些账号回复帖子，有针对性地制造舆论环境。

4. 马甲转载分享

利用多个账号，把内容不停地转载，发布在更多的社交媒体上，尽可能地让更多人看见，让人们去转播，最终形成病毒式营销。

第五节　大数据和软文网络营销

随着全球新媒体技术的快速更新换代，庞大的数据每时每刻都在极速传播，现在我们不得不面对一个充满挑战和机遇的“大数据”时代。

尽管对于大数据的概念仍然众说纷纭，不过不难理解的是，它一定是在一定的计算（云计算服务器）上，掌握针对某个现象（并不是部分数据样本）的所有数据。人们掌握了相关数据，会更加了解或者更容易推测未来会发什么，而不是为什么会发生这一现象。大数据还有一个特点就是，在庞大的数据里，允许数据中存在不精确的信息。

那么企业能利用大数据做些什么呢？先来看一些案例吧。

啤酒与尿布

沃尔玛根据大数据的行为分析，发现男顾客习惯在购买婴儿纸尿片之后，顺带买几瓶啤酒犒劳下自己，然后在超市排架上把尿片和啤酒放在了一起，结果啤酒和尿片的销售量剧增。

Google（谷歌）预测冬季流感

Google 在 2009 年分析了 5000 万美国人检索的词汇量，把得出的结果和美国疾病中心的季节性流感传播时期的数据进行比较，计算出一个数学模型。根据模型，Google 成功地预测到 2009 年冬季流感将会传播到的地区。

超市预知高中生顾客怀孕

美国明尼苏达州的一家百货遭到客户的投诉，理由就是他读高中的女儿竟然收到百货寄来的婴儿产品优惠券。后来，这名客户主动来电道歉，他说经过逼问女儿坦白她真的怀孕了。而百货公司就是根据她女儿所有的购物数据，通过相关分析得出她已经怀孕的。

这些案例告诉企业一个道理，决策者可以缺乏经验、缺乏足够的远见，但是只要掌握了大数据，就能根据现象来分析出未来的走向，这样能够更好地帮助企业做出具有最优回报效果的决策。

那么，问题又来了，软文网络营销在大数据时代下该怎样做?

也许你没有云服务计算器，不能计算出庞大数据背后的现实意义，不过你可以尽可能地利用手上的一切可能性去观察分析。例如，订阅号就有一个“图文分析”功能，这个功能能统计出近期文章的阅读量、受众量、收藏量等，通过对比分析，琢磨出粉丝喜欢什么类型的软文。此外，你还可以计算转发量、评论数，分析评论人的年龄、性别、职业等，推断出他们的喜好，筛选出哪些是目标客户，再有针对性地输出产品信息。

在大数据时代下，软文营销再也不是闭门造车，掌握了大数据，才能顺应变化，以不变应百变。

幸运的是，“什么文章更受欢迎”这个问题早已经有人提出来，并且由社交媒体追踪服务分析工具 BuzzSumo 通过对 1 亿篇社交媒体文章进行了分析，尝试利用大数据告诉人们大数据下软文的网络营销应该是怎样的。

1. 在社交网络上，长文章更容易被人们分享

现在，你是不是觉得好好坐下来阅读完一本书是一件非常难的事情?因为你拿着手机，随便打开一个 APP，一个订阅号，总能发现能引发你兴趣的文章，在你的心底里会认为，阅读一篇有趣且内容丰富的文章，就像读一份报纸。

于是，移动互联时代下培养的读者，越来越容易失去耐心。软文撰写者也会想，是否越长篇大论的文章，越容易让人们失去兴趣？

大数据告诉你，这样的想法是不客观的。根据 BuzzSumo 的数据显示，前1000 万篇获得分享最多的文章，大多数是长文章。数据还表明，一般长文章生产优质内容的较多，才会被用户转发。

2. 图片很重要，因为视觉体验很重要

数据显示，纯文字的文章没有有图片的文章“受宠”，有图片和没图片的文章的转发率差了不止一半。

3. 能够引发读者情感共鸣的

经过分析转发量最多的文章后，可以发现那些能让读者产生情绪波动或共鸣（例如欢乐、敬畏、愤怒等）的文章，最容易获得转发分享。而《纽约时报》也调查过两千多名读者，分析他们转发文章的动机，其中发现：

①分享有价值或娱乐性内容给他人，就像分享一个笑话一样。

②展示自我形象，通俗来讲转发文章，能让别人知道自己是一个“高逼格”的人。

③维护关系，人们看到一篇文章后，发现该篇文章对某个人有用，就会转发。

4. 文章要有实用的内容，俗称“干货”

文章里面能告诉人们“怎么做”“什么是”“为什么”，特别容易受到青睐。例如《海淘示例，手把手教你怎样海淘到性价比最高的真货》《初冬来了，这十件单品令你又潮又暖》这种清单式的文章，能给出料足的干货，便于让读者阅读。

5. 利用“十大”这个数字

大数据表示，以“十大”为标题的文章，更容易受到转发，例如《全球十大美女排行榜，排在第一位的居然是……》《十大必知的育儿守则，你还不知道小孩就白养了》。尽管这些题目有些夸张，但是“十大”××的清单式文章具有一定的吸引力，如果文章中需要推广什么产品，不妨写这种清单式文章。

第六章

软文战斗需要规避的雷区

在古代，因一字之差送命的文人大有人在。就在今天，也有杂志因一词之差而停刊，因此文章的雷区不得不引起写作者的重视。软文虽然不是严苛的文体，但和所有文体一样，有着自己的雷区，这些雷区都是容易在不经意间触碰的细微之处。

本章围绕软文容易触碰的雷区进行文字扫雷，比如实际操作中的多重领导问题，撰写过程中的法律道德问题，以及营销层面的成本问题等，目的就是让大家知道软文的雷区何在，以便在日后的工作中加以规避。

如果大家在网络上按照推广对象的不同等级，各收集几篇软文仔细阅读，会发现软文的错字、病句远远要比其他文体多，究其原因就是大家对软文不够重视。这种不重视就为软文触雷埋下了导火索。如果大家换一个方向思考，“软文”是软文文案的作品，是营销团队推出的商品，做坏了“作品、商品”的从业者，就等于在砸自己的饭碗。

这里虽然已为大家标明地雷所在，但是在实际工作中，还是会不断发现新的雷区，比如新广告法的极限词语。有规则的世界就有雷区，而最重要的是做懂得如何游刃于雷区之间的人。

软文营销实战宝典

第一节　战斗指挥的雷区

指挥员瞎指挥

软文文案工作中充斥着各种各样的领导，如文案部门领导、营销部门领导、客户部门领导，都能直接指挥、干涉、否定软文文案的工作，其中自然不乏瞎指挥的领导。当软文文案工作遇到领导瞎指挥，直接结果就是：改、删、推倒、重做。这样不仅会导致浪费工作时间，在消耗软文文案精力和灵感的同时，也间接损害了软文文案的成就感和工作积极性，最终导致做出来的软文不尽如人意。

软文的精髓在于潜移默化之间引导读者接受观点或者信息，进而对推广对象产生认同感。另外，软文文案作为一个岗位，也有着很多职业素养和岗位要求，可是领导们的修改意见往往没有顾及这些因素。下面对于领导瞎指挥的一些情况进行简单的剖析。

1. 不顾逻辑的修改意见

所有软文都有其叙述的逻辑链，不能因为领导要求尽早提及推广对象而破坏逻辑链。软文要用逻辑牵引推广对象，要循序渐进、环环相扣，才能达到潜移默化的效果。应对领导这样的要求，要尽量将推广内容置于逻辑链前端，让领导意见和软文效果都能达成。

2. 夸大其词的产品效果

世间没有包治百病的药，不能因为领导的要求而无度注水。软文作为一种推广方式，含有适量水分是允许的，但如果过于夸大性地介绍推广对象，效果往往适得其反，并且会被读者识破，进而产生厌恶感。应对此类瞎指挥，就要摆明道理，让领导明白过分注水的后果。

3. 超大比例的产品介绍

软文不同于硬广告，不能因为领导要求全面介绍而对推广对象进行大篇幅的介绍。软文是隐形的推手，大篇幅的推广对象介绍等于在额头贴上“我是软文”的标签，会打击读者的阅读欲望。应对此类瞎指挥，要告之软文的精妙之处，并将推广对象的信息拆散分布，最后指向推广对象。

4. 过于臃肿的软文篇幅

软文重在短小精悍，言简意赅，易于快速阅读和理解，不要因为领导喜欢长篇大论而使软文过于臃肿。节奏如此快速的今天，多数网民都是利用碎片化的时间进行网络阅读，根本没有耐心读完1200字以上的文章，而软文的植入点多在文中和文尾，所以长篇大论的软文多数不能起到应有的推广效果。应对领导此类要求，要阐明网民接收信息的习惯。

5. 有名无实的软文标题

软文标题十分重要，是引导读者点击的重要一环，不要因为领导喜欢奇异标题，而写文题不符的软文。网络软文的“标题党”很多，无非是为了赚取点击，但是网民看到文题不符的文章，第一时间就会认定为是“标题党”。所以为了传播起见，要告之领导读者的阅读特性。

6. 触犯禁忌的软文内容

可以植入软文的素材有很多，但是禁忌也有很多，不是什么东西都可以信手拈来，为“文”所用，不要因为领导想吸引眼球，而触碰相关禁忌。软文横跨各种文体，在内容的选择上有着很大的自由空间。但软文与其他文体有着一样的禁忌，比如道德、法律、民族、宗教等方面。应对领导这样的要求，直接说明触犯禁忌的软文会被封杀即可。

以上罗列的种种应对瞎指挥的技巧，还需要软文文案在实际工作中灵活运用。不过最好的解决方案不是被动应对，而是在工作中取得一定的权威性、主动性。当然，如果已经是领导，最好不要瞎指挥。

软文文案工作中处处皆学问，与领导相处犹如一门艺术。软文文案要试着去揣摩领导的意图，但不是为了阿谀奉承、溜须拍马，而是为了更好地互相了解、磨合，为软文文案的工作开展打下良好的信任基础。俗话说："端领导的碗，就要听领导的管。"工作中，领导的话不容忽视，但由于软文文案的专业性和工作特性，也不是领导所有的话都要言听计从，遵照办理。软文文案的工作，要做到理性分析、服从，但不盲从。领导说得对的，坚决执行；领导说得不对，甚至瞎指，就不要去当领导的应声虫。这种情况下，平时打下的人际基础就显得十分重要了。

领导瞎指挥往往会给企业造成损失，同时也会给软文文案造成损失。因为瞎指挥的领导，往往在造成损失后推诿责任，这时候，第一责任人往往是撰文的软文文案。所以领导违反规章、法律的指挥，软文文案要坚决拒绝，一定不要有侥幸心理，更不要因为顾忌领导所谓的威信而不敢拒绝。毕竟违章作业，受伤的永远是作业面上的工作人员。

没有目标与重点，乱打一气

在公关行业有这样一个现象，如果一段时间内，某品牌的关键词反复出现在各种软文里，且软文形散神也散，通篇没有目标和重点，逻辑上前言不搭后语，不用多想，这个品牌正在做危机公关。

为什么多数危机公关的软文质量会如此不堪？原因很简单，就是因为匆忙之间需要大量的软文稿进行网络关键词覆盖。因为品牌危机没有预兆，不会提前打招呼，总是在措手不及间出现，不能提前做准备。危机爆发，相关部门匆忙应对，短时间内需要撰写大量的软文稿件，进行网络关键词覆盖，慌乱之间，质量自然难以保证。

但实际上，无论是面对危机公关，还是日常的软文推广，与其这样草草应对，还不如以数篇高质量软文进行覆盖。当读者读到劣质软文，会产生一种认知上的“应激反应”，从而对心目中的品牌重新进行审视、评估，甚至颠覆原有的良好印象，在个人认知和消费行为上做出改变。因此，劣质的软文对推广对象本身也是一种伤害。

这种有病乱投医的公关，效果能有几何？所以软文的质量、技巧和硬广告一样重要，不容忽视。那么，我们应该如何避免没有目标、重点，乱打一气的软文，提高软文质量呢？这其中就有一定的技巧。

软文切忌没有目标与重点，盲目覆盖。就像不知敌人方位的散兵，端着机枪乱扫一通，这样不但达不成目标，反而暴露了自己的位置。为了避免这一现象，软文在目标和重点方面，有如下要求。

1. 明确的目标

软文行文之前要有明确的目标和方向，要知道行文“差之毫厘，谬以千里”，有了目标才能去更好地思考路径。用目标推导方向，用方向决定梗概就是一种行之有效的行文方法。

比如：心中没有目标，却要写“某产品对未来经济发展的决定作用”。先描述了国家飞速发展的现状，铺垫些国际形势，阐述我国在某领域遭到世界技术列强的抵制，等到需要衔接目标时，才发现所写的和目标完全格格不入。

2. 明晰的逻辑

软文需要用逻辑牵引读者，所以软文在逻辑上要紧密严谨。要提前设定好逻辑链条，如果逻辑上用因果转折，就不能出现“果非因导”；用草蛇灰线，就不能出现“只见蛇行草动，不见灰线伏延”。

比如，没有明确逻辑链，却要写一篇逻辑推导的软文，就会出现类似的情况：因为房子是刚性需求，所以大家都需要买房子，且房子不会降价，只会越来越贵。进而介绍某开发商的楼盘好，绿植多，最后还说小区里有一个人工湖。

3. 统一的身份

写软文时要注意第一人称的身份设定，人物的身份特征、措辞、语气、表述方式等一定要符合设定人物的身份。

比如，一篇角度是专业 IT（信息技术）人士，却用大量的文学修辞推荐 2T 的内存和 4G 的硬盘。这样的错误自然不应该有，但对于文艺女青年而言，内存条和硬盘只是大小不一样而已。

4. 地域的区分

很多软文都是有地域针对性的，一些地域性较强的论坛只发与当地居民息息相关的内容。这些内容自然也由当地人来发，在语言上要有针对性。

比如，在云南的地方论坛上，以四川人的身份，操着一口京片子，推荐长春一汽在海口的 4S 店。这种穿越的描述，会让读者有种“剪不断钢丝，理还乱麻团”的纠结。

5. 整体的衔接

软文的整体和目标衔接要平稳过渡，不能太过突兀。软文是有目的的工具，所有的铺陈都是为了推广对象，而有效的衔接就显得尤为重要。所以，软文在整体上要与推广对象保持一定的关联性，在衔接上要自然过渡，很多软文文案为了增加搜索量，会将时事热点和推广对象进行捆绑，最后时事热点和目标却未能平稳地衔接。

例如，我国开启了“一带一路”和亚投行建设，北京金融街和上海自贸区会迎来大发展，金融自然会大幅增长，是投身金融的最佳时机，而我们的金融软件是最先进的，最后介绍产品信息。

急功近利

软文文案工作本身是一项“短线”工作，因为软文文案只是整个营销宣传工作中的一个环节。多数软文文案都只需看眼前成绩，比如完成任务、达到KPI（关键绩效指标）绩效等。但是软文文案所写就的软文并不是一个“短线”，而会一直在网络上传播，持续影响推广对象。所以软文文案在写软文时，不应“鼠目寸光”，应做一个“谋万世者”，毕竟想成为行业翘楚有一个先决条件——“不谋万世者不足以谋一时”。这就直接要求软文文案在工作中不能走入急功近利、只顾眼前的误区。那么，软文文案工作中，近功急利都有哪些表现呢？

1. 过火标题

多数情况下，软文为了宣传，离不开博人眼球的标题。但标题的火热程度一定要张弛有度。软文标题可以结合热点，可以引经据典，可以做的创意还有很多，但唯独不能急功近利地用过于离谱的标题，不然，读者扫一眼就知道是“标题党”。要知道，如今“标题党”已经是过街老鼠，是不可再用的伎俩。

现代营销学之父菲利普·科特勒认为：“通过品牌认同工作，建立起各种不同的意义与承诺，在品牌选择时，必须注意它应与该品牌的价值定位一致。”其实标题就像是品牌对于产品的承诺，如果标题抛开文章独立存在，文不对题，言过其实，就像品牌无须对产品负责一样荒谬。所以标题要呼应文章内容，实事求是，避免“高烧”标题的出现。毕竟金玉其外败絮其中的橘子不是好橘子，急功近利的橘贩是不会有回头客的。

2. 浮夸空洞

新闻类的软文，有新闻的框架、辞令的限制，不能过于浮夸空洞。故事类的软文题材，本应该是发生在读者身边，与人们近在咫尺的故事，但是很多故事型软文为了增强可读性，赚取点击量，用过于华丽的辞藻、诗歌化的语言表达，给读者以距离感，甚至虚假感。

世界著名咨询公司麦肯锡曾表示："事实是你用以铺就解决措施之路的砖石，事实也是建立支撑这一措施的砖石。"所以尊重事实和现实，是软文的基本守则，玄幻小说样式的软文断不可取。软文要走出"浮夸空洞"的方法很简单，就是将真实、可信作为判断软文好坏与否的标准。

3. 软文过软

软文的"隐蔽性"强是很多软文文案的终极追求，这也是软文不同于其他文体的根本性区别。但有时，软文文案为了追求软文的可读性，极力隐藏宣传目的，这样做的本意是为了达到宣传效果，获得更多读者关注，可结果往往适得其反，导致软文本身被读者牢记，想要宣传的推广对象却被遮盖，甚至被忽略。

软文的写作，既不能太过明显地露"馅"，也不能为了需要隐蔽而忽略主要目的。就像不能把"馅"都铺在面上，急功近利地做成比萨，这不是软文，是硬广告；也不能把"馅"都包起来，讳莫如深地做成包子，这不能称为软文，而是故事；软文要做"面"中有"馅"，"面""馅"难分的千层肉饼。所以，把握软文的"度"非常关键，也非常难以拿捏，需要大家在长时间的实践过程中摸索、学习、总结。

4. 不做调研

软文文案工作是一个发现的过程，而不是简单粗暴地用新奇点子堆砌。在写一篇软文之前，必须深入了解推广对象，否则不要轻易动笔。写软文前要与客户做尽量多的沟通，要详细了解客户的意图与目标，只有客户的目的才是最终目的。设定目的之后，朝着目的行文，而不是停留在只翻翻资料、查查相关新闻的层面上。

战国末期哲学家韩非在《韩非子·孤愤》中提出："不明察，不能烛私。"就是说不仔细调查研究，了解情况，就不能够洞察其中所包含的实际情况。调查研究是了解真实情况的最好的方法，只有了解到真实情况，才能作出正确的结论，制定明确的目的，写出令客户满意的软文。

5. 迎合客户

软文创作中，多数软文文案容易犯一个错误，就是在客户目的基础上，一味迎合客户的意思，却没有充分考虑推广效果和读者感受。要知道，读者在潜移默化之间转变成消费者，才是检验软文效果的主裁判。

多数需要进行软文推广的客户，对软文不是十分了解。客户可能会要求将软文创作的侧重点放在企业实力等方面。如果软文文案完全迎合客户的意思，写出来的软文会像百度百科一样枯燥乏味。软文要求的"绵里藏针"会变成"锋芒毕露"，看到锋芒的读者，不会将棉花拥入怀中。所以，客户要求、写作技巧、读者感受等几个方面要相辅相成，软文文案不可为了迎合客户，而戴上有色眼镜，只看重一个方面。

重量不重质

网络时代的到来，犹如惊蛰的春雷，让很多以往因做不起宣传而选择不做宣传的企业惊醒。这些后发的企业在尝到网络营销的甜头之后，越发重视软文在市场推广和品牌建设中的作用，并逐渐加大软文推广的力度与数量。网络营销软文作为一种有效的推广手段，让"权威"的纸媒逐步走下神坛，使媒体推广从遥不可及走向唾手可得。时至今日，用网络软文开展推广，已是一种司空见惯的方法。

可是，很多企业的软文都存在着一个不可持续发展的弊端——重量不重质。且无论是软文写作，还是软文发布都存在着这一现象。海量的软文撰写和软文发布，的确存在着一定的优势，比如大量软文撰写带动发布量，再带动点击量，然后带动阅读量，最后带动知名度，可是有了知名度不意味着就会有美誉度。

举一个最简单的例子：为什么“Made in China”在覆盖了全球市场之后，还是劣质产品的代名词？原因很简单，因为在“中国制造”时代，我国产品多是低端产品出口低端市场，有庞大的数量，而无优秀的品质，所以使然。反观美、德、日等制造业强国，无一不是掌握尖端技术，拥有尖端产业工人，制造高精尖、高品质、高价位的产品。

网络软文宣传也是一样，软文品质的重要性远远超过数量的重要性。基数大，但品质差的软文，在带来知名度的同时，也会带来丑名、骂名。而数量少但品质佳的软文，不仅能带来知名度，还会带来美誉度。综合效果来看，就像两个将军比宝，纵使你有三千铁戟，也比不过我一把削铁如泥的宝刀。

那么，软文文案应该如何调整软文数量与品质之间的关系，这就应该从软文撰写和软文发布两个方面进行分析。

1. 撰写方面

软文的品质直接影响着读者。高品质的软文在给读者带来些许收获的同时，也会让读者潜移默化地接受软文中暗藏的推广信息，这些信息长期、反复地根植在读者的潜意识里，会让读者对推广对象产生好感，进而带动产品知名度、美誉度和销量。而劣质的软文同样影响着读者，可是当今网民早已炼就一双火眼金睛，有碍观瞻的劣质软文无法逃出读者的法眼。所以劣质软文会带动读者的厌恶情绪，进而殃及推广对象。这些令人生厌的软文，读者记住了，就是对推广对象的间接伤害；读者没记住，那么撰写发布这些软文又是为了什么？所以软文的品质，只有一个选择，就是令人赏心悦目。

2. 发布方面

软文是成本较低的推广方式之一，也是一种持续性强的推广方式。软文一旦发布，就会一直存在于网络之中，持续地发挥作用，除非雇用舆情监控公司删帖。既然软文在网络中长期存在，长期有效，就意味着软文不易取得立竿见影的效果，于是心急如焚的客户就会选择大量发布，一天十几篇有之，几十篇也有之。笔者亲历，北京某楼盘，为了应对质量危机，采取大量软文全网覆盖关键词的做法，一天撰写并发布几百篇软文，其效果不但没有达到预期的覆盖效果，反而适得其反。网民反复看到该楼盘信息，就会加以关注，只要在搜索网站多翻一页，就会发现住户实名爆料的帖子，而且有图有真相，外加联名信。网民看后，气愤之余，同仇敌忾，顺手转发，然后就成了星火燎原之势，一发而不可收。再强大的网络覆盖也敌不过网民的“小性”，更不要说网民的“愤怒”。最后，该楼盘败北。其实在软文发布方面，并不要求软文的总量爆棚，但是软文必须是高品质的。所以，建议企业每天发布一两篇高品质软文即可。

现在，很多企业趋于单极发展，拥有一流的厂房、设备、资金、技术工人，在生产经营方面已经是行业的领头羊，但是在网络推广方面却是地地道道的外行。可是现在网络覆盖面、影响力都已远超传统媒体，软文推广也随之成为时下炙手可热的推广方式，依靠网络软文树立品牌形象将是互联网时代的必然发展趋势。所以，只重视软文撰写量与发布量，而不重视品质，这种畸形的软文推广方式必须避免。

假大空

如今，很多网推公司利用假、大、空的网络软文，将产品、品牌描述得天花乱坠，这成为企业和网推公司不容忽视的问题。问题产生的原因概括起来有两个：一是有些网推公司缺乏对推广对象的价值思考，不重点发掘推广对象的价值点；二是网推公司过分追求新意，只顾达成短期目标与效果，为了博人眼球，不顾及推广对象的长久利益。

假大空的软文推广，即使成功地完成了点击量等预期目标，表面上效果显著，实际上并没有达到推广的终极目的，还伤害了推广对象的美誉度，影响了推广对象的品牌建设和长期赢利效果。

这样的软文推广不仅没有成为品牌的助推器，反而成了推广对象的绊脚石。具体一点说，网推公司用假大空的软文助推推广对象提速奔跑，然后遇上假大空的绊脚石，跑得越快摔得越重，有时候甚至会成为推广对象迈不过去的坎儿。

目前，这种现象并非个例，而是网推行业中的普遍现象。究其根源，问题就出在推广策划和软文撰写上。软文撰写中，适度的夸大是有助于传播的效果的，但假、大、空的软文推广不能脱离实际，而让推广对象成为“风口上的猪”。

中国人自古崇尚谦逊内敛，表达上一般都比较谦虚、迂回，为了推广而夸大其词的做法也是近年来才开始兴起。但实践证明，一些不怀好意的企业，遇到不负责任的网推，撰写并推广不着边际的软文，这种假大空的软文推广，于长久而言，并未起到积极的影响，反而在很多读者眼里树立了极其糟糕的品牌形象。所以说，适当夸大要掌握好度，适可而止，才能达到真正想要的宣传效果。

软文造假、夸大、空洞，主要有两个方面，一是数据，二是事实。

数据假大空是最容易被揭穿的。网络时代，所有数据都能追根溯源，很容易被查证。例如，有些软文在推广对象的市场占有率上造假，可是推广对象的网站上一定有自己的营业额，读者只要查一下行业总产值，就可以计算出推广对象的市场占有率。所以，数据可以用巧妙的比较手段，在不造假的同时，进行美化描述。软文推广的调研工作，不可能一一核验数据的逻辑性，因此，软文文案在掌握数据和战略目的后，在撰写软文时，就要处处留有余地，用一些模糊词语，比如“据不完全统计”“据估算”等。

事实造假、夸大、空洞，也十分容易查证，当然也是不可取的，一旦被发现，会摧毁读者的信任感。比如一些产品在软文宣传过程中在功能上造假，如果读者有意向，必然会查证后再购买，这一环节上，假大空必然会原形毕露。所以，软文文案在写好软文后，一定要让推广对象的负责人进行审核（要养成用邮件收发的习惯，很多邮件已经可以作为证据，如果推广对象一方存心造假，可以避免日后法律方面的潜在危险），涉及数字、性能、承诺的内容一定要再三核对。要知道，软文一旦发布，就会成为媒体和读者监督的证据。

软文假大空，一旦被识破，就后患无穷，很多企业在被识破之后，为了自圆其说，维护品牌形象，或者为了保护已经实现的经济利益，就得在原有假大空的基础上，接二连三地假大空下去。一个谎言需要十个谎言去圆，这样的谎言一个接一个，总有被拆穿的时候。轻则信誉扫地，重则品牌消亡，让多年努力毁于一旦。

第二节　战斗操作中的雷区

在当今商业社会中，无论哪个行业，都已离不开软文。软文作为一种新兴文体，在商业推动、品牌建设中起到了极大的作用。比如，软文的集大成者——美国作家罗伯特·詹姆斯·沃勒在《廊桥遗梦》中，将品牌植入到爱情故事中，在曲折爱情的遮掩与衬托下，让骆驼牌香烟、尼康相机、Zippo 打火机等品牌随着图书的传播，一夜成为世界级的品牌。不过《廊桥遗梦》是以小说的形式，通过纸媒传播的。时至今日，软文依然充斥在各种题材的文章中，可以毫不夸张地说，网民们每天在网络上阅读最多的就是各种各样的软文。互联网时代，软文就像利万物而不争的水一样，流淌在每一个网页之间，无形间将推广对象浸润到网民的意识之中。

写一篇有价值的软文，并不是一件容易的事情，需要一定的基础和长时间的工作经验，但是在动笔之前，一定要知道如何避免软文写作的雷区。下面介绍一些常见的软文雷区，让前赴后继的“软文战士”，知道哪里有雷，如何排雷。

1. 吸引力不足的标题

一般网民每日浏览的文章标题逾百，可是点击阅读的却不足 20 条，没有吸引力的标题不会有阅读量。比如软文标题写得像学术论文一样，读者看到就会避之不及。因此，软文标题要新颖、有吸引力。写作时要仔细地推敲软文标题，让人一看标题就有想点击看内容的欲望。

2. 信息匮乏的开头

一般读者在看文章时会着重关注文章的头与尾，所以读者能从文章中获得什么信息多取决于这两个位置。开头一定要能抓住读者的眼球，以激发读者的兴趣。如果一个软文的开头没有读者想要的，就等于“用胡萝卜吊老虎的胃口”。

3. 关键词缺失的表述

关键词是软文写作的核心，也是读者点击的主要动力，文中对关键词一定要着重表达，让关键词出现在标题、内容核心部分，也要适当增加关键词的使用频率。网页标题、文章概述、文章首段以及内容中所包含的关键词是搜索引擎检索排行的基础，离开搜索基础，软文很难被搜索引擎抓取，也就不能被读者点击。

4. 晦涩难懂的文义

晦涩的文章很难为大多数读者所接受，所以软文的内容必须是通俗易懂，道理浅显，并通过简明扼要的表述，让读者轻松阅读，在不知不觉间接受文章要传达的理念。并且要把消费者的情感调动起来，让他们了解你所要宣传的内容，这样软文才会有阅读量的累积。

5. 混乱迷离的逻辑

软文不同于其他表述型的文体，所以不能用简单的表述推进来处理，要有一定的潜在的逻辑。其目的就是将广告内容与逻辑推导巧妙融合，向阅读者灌输推广对象信息。与此同时，软文内容就必须引导读者接受软文的逻辑链条和观念、主张、价值。

6. 广告痕迹的显露

软文行文中一定要摒弃广告的痕迹。对于大多数读者来说，广告是令人反感的。所以软文不能被读者看出广告痕迹，但是又要让网民记住软文中的推广对象信息，起到营销的作用。因此软文写作要巧妙、自然、合情合理，不能生搬硬套，直接植入。

7. 长篇大论的篇幅

在快餐式阅读的今天，读者习惯于点状阅读，一看到大篇幅文字就会头痛不已。很多软文文案认为网络优势就是内容规模不受限制，所以越是解释详尽，效果就会越明显。但事实上，网民的信息承受能力是有限的。所以软文要力求短小精悍，言简意赅，让读者在两屏之内阅读完全部内容。

第三节　法律雷区

软文撰写、发布的法律雷区很多。因为现在所有行业都会有不同形式的软文，可以说软文几乎将根系伸展到每一个行业，自然，软文也会触碰到所有法律问题。下面列举一些软文撰写中经常会遇到的法律雷区，还有避免这些法律雷区的方式。

1. 著作权

著作权俗称版权，是指作者对其创作的方案、艺术和科学技术作品所享有的专有权利。软文撰写中如果涉及侵犯著作权，简而言之，就是没付稿酬用了别人的作品，或者抄袭得太明显。

2. 名誉权

侵犯名誉权是软文撰写中最常见的问题。《民法》明令禁止用侮辱、诽谤的方式损害他人名誉。名誉侵权主要有侮辱、诽谤、泄露他人隐私等。在软文撰写中需要重视的主要有以下三点：

①很多软文都会利用当红明星、名人进行炒作，可是软文中如果有侮辱、诽谤他人的情况，就构成了侵权。所以，尽量不要利用他人炒作。如果炒作，在过程中也不要涉及人名、联系方式、住址等。

②很多软文都会通过对比两种产品，褒推广对象，贬对比对象，来提高关注度，这种行为极有可能被认定为侵害名誉权。所以对比过程中要通过理性的表达和数据的陈列进行。要知道，贬低别人也是对自己的一种侮辱。

③很多维权的公关软文会出现谩骂和恶意攻击。在这一点上要格外注

意，尽量避免。其实维权只要摆事实即可，咒骂不如讲道理，攻击不如摆证据，文明发声才是最稳妥的维权方式。不然被倒打一耙，反而得不偿失。

3. 肖像权

肖像权就是人所享有的对自己的肖像上所体现的人格利益为内容的一种人格权。侵犯肖像权就是以营利为目的，未经本人同意，而使用他人的肖像，并且使用者在主观上有经济目的。软文的配图很多时候能遇到肖像权的问题，如果软文配了肖像图时，内容最好不要触及肖像本人的社会形象。

4. 敲诈勒索

敲诈勒索罪是指以非法占有为目的，对被害人使用威胁或要挟的方法，强行索要公私财务的行为。很多企业和个人会通过软文来维权，想要用软文让对方迫于舆论的压力，主动给予高额赔偿。但是很多类似软文，只要稍有不慎就会在维护权益的同时，构成敲诈勒索罪。所以，类似软文只需要客观理性地陈明事实即可，不要含有要挟对方的语句。

5. 不正当竞争

不正当竞争是指经营者违反法律规定，损害其他经营者的合法权益，扰乱社会经济秩序的行为。软文撰写中比较容易触及的是：编造和散布有损于竞争者的商业信誉和产品信誉的不实信息，损害竞争者形象和利益。因此，软文撰写的过程中，只写好推广对象即可，不要造别的企业的谣，也不要攻击、污蔑别的企业。

6. 损害商业信誉、商品声誉罪

是指捏造并散布虚伪事实，损害他人的商业信誉、商品声誉，给他人造成重大损失或者其他严重情节的行为。很多对比性软文通过捏造的虚伪事实，恶意贬低、诋毁他人的商业信誉、商品声誉，这是触犯法律的。可以对比，但是不能通过贬低别人来抬高自己。

除上述集中软文比较容易触犯的法律，还有很多是值得软文文案注意的。

比如，不得使用中华人民共和国国旗、国徽、国歌，不得使用国家机关和国家机关工作人员的名义，不得使用“国家级”“最高级”“最佳”等用语等。

还有，不得妨碍社会安定和危害人身、财产安全，损害社会公共利益；不得妨碍社会公共秩序和违背社会良好风尚；不得含有淫秽、迷信、恐怖、暴力、丑恶的内容；不得含有民族、种族、宗教、性别歧视的内容；不得妨碍环境和自然资源保护；不得违反法律、行政法规规定禁止的其他情形；不得损害未成年人和残疾人的身心健康；不得贬低其他生产经营者的商品或者服务等。

第四节　道德雷区

软文撰写所涉及的道德问题很多，自然也有着很多道德雷区。这里将软文所触犯的道理雷区分为两大块：一是软文内容触犯道德雷区；二是软文撰写触犯道德雷区。

1. 软文内容触犯道德雷区

现在，很多软文文案为了吸引点击，进行恶意炒作，故意触犯道德雷区。当然，违反道德的软文推广一夜爆红的比比皆是，但是没有美誉度的知名度，结局又会是怎样？

2013 年 8 月 20 日《南方都市报》整版刊登一篇广告，内容只有几行大字："前任张太：放手吧！输赢已定。好男人只属于懂得搞好自己的女人！祝你早日醒悟。搞好自己，愿，天下无三。——张太。"

这一"小三登报叫板原配"事件随即在线上线下引起了热烈讨论，后经证实该广告为某产品的商业炒作。当下最吸引眼球的词汇莫过于"小三"，比"小三"更吸引眼球、更刺激的是什么——"小三登报叫板原配"。这篇软文毫无悬念地引爆了人们对"小三"和婚恋道德的热议。可是软文炒作不仅有法律底线，还有道德底线。"小三登报叫板原配"虽赚足了眼球，但却违背了道德底线。结果怎样，谁知道这是什么广告？所以，这篇软文，归根结底还是失败的。

软文撰写和发布要讲道德，违反道德的软文，无论是出于职业道德或是法律意识都不要去写。现在，在软文推广领域，有大批"语不惊人死不休"的炒作团队，这些人为了吸引关注，在"无所不用其极"方面"无出其右"。可是那些违背社会道德而炒作起来的网络红人、红事、红产品、红品牌今又何在?

反而那些传递正能量，包含昂扬向上精神，感人肺腑的软文，至今仍然火爆。这就给软文文案指明了方向，与其走一条冒进的、违反道德的、为读者所唾弃的道路，还不如走光明大道。

2. 软文撰写触犯道德雷区

软文撰写以其潜移默化的能力，易于被读者接受的形式，弥补了硬性广告的一些短板，是目前网络上最为行之有效的手段之一。软文兼顾了推广对象的成本、操作团队的便利和读者的体验与感受，是互联网时代近乎完美的推广形式。但是，因为软文尚处在发展阶段，没有形成完善的行业规则，导致软文在撰写环节出现极其不道德的抄袭现象。

抄袭现象不仅破坏了软文的形象，破坏了业已成型的原创产业链，还在一定程度上阻碍了软文的创新发展。很多非专业的软文文案和无德企业，为了便宜、便捷，简单粗暴地对现有软文进行改装，简单加工后就为自己所用。

软文抄袭的现状是，无论是会计、人力、行政、电工，或是投机取巧的软文文案，只要将网上同行业、同类型的原创软文复制下来，将其中品牌、厂家、产品名称、产品指标、关键词等主要信息更改替换，再虚构人名、地名，然后堂而皇之地变成自己的原创软文，再光明正大地贴在自己的网站上。

目前这种“原创”软文已经泛滥成灾，“一个行业一套模版”已不是业内的笑话。这种不道德的抄袭行为，直接导致网络软文质量下降，引起读者的厌恶感。在软文撰写工作中，一定要多阅读他人的软文，好的软文也一定要学习，但不是为了抄袭，而是为了借鉴写作方法和开篇布局的构架。

有不道德的抄袭者，自然也有厚道的被抄袭者。很多专业软文文案发现了这一现象，可是即使上午写好的原创软文，下午就被复制粘贴到别人的网站上，又能奈何？因此，针对这一现象，专业软文文案开始了反制措施，从内容上、形式上着手，增加抄袭的难度。这方面专业的软文文案都可以借鉴。以下简单列举三种方法：

①把推广对象的信息碎片化，有机地融入到通篇软文里，穿插内容的同时形成严密的逻辑链条，让其他人无法剥离、无从下手。

②引用推广对象企业的老总名言、讲话、个人观点，并以此为逻辑线索进行推导，使得软文被抄袭时夹带着很多难以抹去的源头信息，这样既有利于软文推广，还能避免抄袭，一举两得。

③举推广对象的实例，并以此为线索，逐步展开呈现。尤其是推广对象的产品特例融入软文，并进行大段评论，这样既增加了产品针对性，又让抄袭者无从下手。

与其对抄袭者防微杜渐，不如从思想、能力的根源着手，让抄袭者认识到自己正在违反道德，认识到打铁还需自身硬，从而加强学习进步，摘掉“软文抄手”的帽子。

第五节　成本雷区

毫无疑问，成本是任何行业的雷区，绝大多数企业倒闭的原因都是成本。因此，成本控制是企业最热衷的活动之一，不论什么企业都有强烈的成本控制的冲动。

成本竞争和差异化竞争是现代企业的两大基本竞争策略。差异化竞争策略实施起来较为困难，需要在一定的方面有绝对优势，并非每个企业都有能力和条件实施。所以成本控制就理所当然地成为了企业竞争的主战场，也是最为简单、直接的竞争方法。

随着我国市场经济的不断发展，互联网经济模式的倒逼，市场环境逐渐开放、规范。在这一大势所趋的环境里，软文营销类企业也不例外。近年来众多知名跨国营销企业涌入，国内企业想在激烈市场竞争中求生存、求发展，就必须不断加强自身的竞争力。同时还要避免踏入成本雷区。营销业内关于成本控制的经典论述有："营销公司成功的核心，是用最少的投入创造最大的价值。只有以低于竞争对手的成本为客户服务，才能在竞争中取胜，使企业在竞争中立于不败之地。"话虽如此，但是对于任何企业来说，降低运营成本、提高企业运作的效率、追求利益最大化永远都是项难题。从经济学的角度来说，成本是生产过程中使用的各种生产要素的支出，包括了固定资本的折旧、员工工资、场地租金、税费等。

软文营销类企业软文的成本构成也是其成本雷区。

1. 业务渠道雷区

软文营销类企业，一般都会有特定的业务渠道，这方面具有一定的中国特色。业务渠道中要注意的成本雷区主要是业务提成。比如中间人促成的业务，一般要把产品价格的一定比例作为提成付给中间人。有的业务是层层转包的关系，这样的业务，因为经手人过多，每层谈判都会存在误差，往往会在项目款、目标要求、工作效果等方面产生分歧，从而导致摩擦或是业务终止，甚至闹上法庭，这一点需要格外注意。

2. 软文撰写雷区

软文撰写一般不到业务款的1/10。如果企业有专职文案，业务不饱和时，足够完成业务即可；业务饱和或超负荷时，可以发包、外派一部分软文撰写工作给兼职文案。兼职软文撰写的价格浮动较大，根据不同业务需求，从几十元到几百元不等。建议企业有多名固定的兼职文案，长期合作，经过磨合能快速进入状态、保障品质，且价格稳定。如果企业业务长期饱和、超负荷，且软文工作量超出专职文案的工作量，则需要另聘。因为发包的软文绝大多数需要修改才能令客户满意。长期发包软文撰写业务，无论是从软文稿件品质上，还是软文所需资金上考虑，都是得不偿失的。另外，能够直接干预软文文案工作的人员要控制在两人以内，如果出现多重领导，会让软文文案无所适从，这样既浪费一份员工工资，又分散软文文案的工作精力。

3. 软文发布雷区

软文发布环节中，好的软文要有针对性的发布平台，如果软文发在错误的地方往往也会收效甚微。如果为了推广而毫无选择地随意发布，只会既消耗软文撰写成本，又消耗发布成本。那么，软文发布有什么需注意的？

首先，要注意根据推广对象的特征选择发布平台，所以要选择跟推广对象行业相关的网络平台，或者推广对象受众集中的网络平台。同时，要重点考虑目标受众的特点，结合软文风格和内容，在预算范围内选择平面媒体、网络媒体或者免费平台进行发布。

其次，要注意网络平台在搜索引擎中的权重，一些权重较高、有新闻源的网站，往往是发布软文的首选。同时，要注意软文发布的间隔，不能集中在同一时间段发布，要做好排期，逐步发布。发布范围应该选择合适的网站范围发布软文。求人不如求己，软文发布环节最好的办法是企业拥有并长期维护一个专业网站，并与其他的网站做资源整合。

第七章

实战演练——胜利证明一切

软文体裁很广，没有固定内容，没有固定形式，没有固定套路，只要条件符合，即使用对话形式去写一篇软文，也能推广产品，增加企业知名度。撰写软文的套路存在各种形式，例如房地产软文有房地产软文的写法，不过就像之前的章节所说的，有时候写软文更需要跳出框架之外，才能写出一篇优秀的软文。

软文营销实战宝典

第一节　大型企业的软文营销

大企业非常注重形象的传播，因此软文营销也深受它们的追捧。软文营销的成本相对大企业来说是较低的，花费不多的成本达到斐然的广告宣传效果，是他们所期盼的。不过，在软文大战中也是有人哭有人笑，并不是所有的企业依靠软文营销就能四两拨千斤，不少软文营销在实施之后反而效果不佳。

其实，大企业的软文营销不能人云亦云、盲目跟风热点事件，毕竟不同行业之间存在差异，大型企业需要根据自身情况策划独特的软文营销方案。那么，大型企业该怎样做好软文营销呢？下面就来介绍一下七大写作技巧。

1. 做好软文广告计划

软文营销是企业广告宣传计划的一部分，是企业达到树立品牌形象和销售目标的方式。因此，做好软文营销也是需要遵循调研、计划、组织、实施、修正的操作步骤。企业的广告策略必不能少软文计划，擅长软文营销的企业多是讲究广告策略的，诸如“软文营销的成本该投入多少”“后期如何推广运作”等问题都需要细化。大型企业需要提前做好软文营销计划。

2. 官方化的软文需要拟写一个新闻标题

自媒体的兴起，令在自媒体滋生起来的软文也变得充满“个性”。需要注意的是，大企业的官方性软文，在一定程度上代表了企业的权威形象，这样的软文往往也是作为通稿，发放给其他媒体的。因此，官方性的软文为了追求可读性和个性化，而使用不严谨的字句会造成不必要的误会。官方性的软文标题就是一个门面功夫，能否吸引读者关注就全靠标题了。同时，正文中想传递出什么样的信息，就要靠标题表达出来。

3. 正文结构用新闻体

大企业的软文不是非要每时每刻都“装”严肃，在自媒体大行其道的时代，即使是大企业也要会适当地卖萌、逗笑，甚至自黑，才能靠亲切的形象来拉近企业和消费者的距离，从而培养出一群忠心的粉丝。

不过，有些时候企业则需要以严肃的新闻口吻去传播信息，才能巩固企业的权威形象。这时候的软文撰写，就需要采用新闻结构体去写作，而具备新闻写作的技能也是撰写者的要求之一。

4. 运用新闻词汇

如何增强软文的“新闻性”，彰显企业软文的权威形象呢？最好的一个办法，莫过于在正文中采用新闻惯用的词汇。

例如，可以增加表示新闻源的词语，如“笔者亲眼看到”“据调查”“笔者还了解到”“据××说”“据了解”“在采访中了解到”等，这些词语会给人们带来所说的消息都是有据可查的真实感。

另外，大型企业的软文可以尽量减少使用“××公司”或“××产品”这些直接称谓，不妨使用更为客观的第三者视觉，以“笔者”的姿态去论述事物的好坏，让读者也融入到软文设置的环境中，让读者自己判定立足点和视觉点，产生个人的看法。

5. 巧妙地融合广告信息

撰写者在创作软文时，需要慎重考虑两个重要因素，一个是“说什么”，还有一个就是“怎么说”。

撰写者在创作软文时，很容易会犯把所有整合信息全部堆积在文章中的错误，求全求多，却忽略了读者的接受程度。往往一些更迫切希望读者接受的重要信息，淹没在了“滔滔不绝”的正文中。这样的错误，不只撰写者会犯，审批软文的上级领导更容易犯，他们为了节省推广费用，希望一篇软文就能达到广告宣传效果。这样的想法是非常不可取的，试想假如一篇软文就能达到一劳永逸的效果，那么其他的广告宣传是不是不要也罢了？

因此，在信息爆炸的现今，软文策划者必须要明白，手中发布的软文究竟想“说什么”。找到重点之后，才能有的放矢。

另外，就是软文该“怎么说”。明确了要“说什么”，就要知道怎样去表达，才会更好地传达出信息，起到广泛的传播效应，撰写者在下笔之前要构思好怎样把信息巧妙地融入到文章结构中，成为点睛之笔。

这点不妨向一些被封为“大号”的订阅号学习。不少的订阅号在推广产品卖广告的时候，不会在文章中直接说产品怎样怎样好，消费者就应该购买它，他们会根据本身的订阅号风格，结合一些有趣的热点或实事新闻进行插播产品信息。例如，一个专门教人怎样搭配衣服的订阅号，在推广客户产品的时候，会选取与产品相关的素材，像推广某个品牌的衣服，他们会先说某个大明星本来穿着土里土气的，但是代言某个品牌的衣服之后，她就瞬间变成国际范儿了，然后在标题上会取巧地说“手把手教你怎样像×××一样从村妞变成国际范儿”。

这样的软文，明明是推销产品，却有办法让读者津津有味地读下去。

6. 跟踪热点事件

全面了解当时发生的热点新闻，巧妙地跟从并融合需要推广的信息。大型企业的品牌推广部门，不只需要有一种“新闻眼”来挖掘热点新闻，还需要有灵敏的“热点嗅觉”，对于刚出现的新闻，马上分辨出这次的新闻事件会不会上升为热点新闻，令其他媒体跟风炒作，然后快速应变，撰写相关话题的软文进行“跟风”。

不过，需要注意的是，不是所有的热点新闻都值得跟风炒作，即使是软文撰写者也要有新闻从业者的职业操守，如果是偏离正确的社会价值观的低俗热点新闻事件，就不要跟风炒作了。例如，2015 年发生的优衣库视频门，不少品牌跟风炒作推出所谓的“创意文案”，不仅引来骂声还给当事人造成二次伤害。

7. 做好媒体公关的工作

企业需要注意累积媒体公关资源，特别是大型的企业，媒体公关资源将会成为品牌推广的一大利器，注重宣传的企业都是善于利用媒体资源的。

大型企业拥有一批丰富的媒体公关资源，即使不是为了纯粹的发布新闻，也能对企业合理有效地运用媒体资源起到很大的好处。

总的来说，大型企业要有广泛的媒体公关资源，并且善于与他们打好关系。因此，平时就要注重笼络一些记者、编辑，一旦有什么消息需要媒体推广，就可以打通公关关系，叫媒体朋友帮忙发布。要多与媒体朋友交流，在他们组稿的时候，提供全方位的帮助，让他们更加了解企业。

品牌营销

“品牌营销”，这个营销术语会经常出现在营销人员的口中，好像“品牌营销”就是无所不能的万金油，抹在哪里都适合，抹在哪里都适用。确实，企业要想不断保持竞争优势，就要构建一个出色的营销理念。营销的金字塔顶端不是拥有一个庞大的营销网络，而是把品牌的符号铺建在公众心里，把品牌经营成一种标志，甚至是文化符号。

品牌营销的核心策略，就是规划品牌文化理念、视觉形象体系、服务理念和行动纲领，策划好品牌传播策略、公关与事件营销的策略。

著名品牌营销专家翁向东说过：“品牌营销的关键点在于为品牌找到一个具有差异化个性、能够深刻感染消费者内心的品牌核心价值，它让消费者明确、清晰地识别并记住品牌的利益点与个性，是驱动消费者认同、喜欢乃至爱上一个品牌的主要力量。”

简单理解，品牌营销的核心，就是在目标市场上确定产品和品牌的有利位置，给目标市场传递出一个优于竞争对手的品牌理念。

王老吉的营销案例

2002 年，红罐王老吉的销售额为 1.8 亿元，到了 2005 年达到 25 亿元，这个快速增长的数字令很多人大惑不解，为什么在短短三年内，王老吉能创造出这样的销售神话？红罐王老吉的销售奇迹得益于新的定位战略，作为产生于道光年间的凉茶，能从区域性品牌上升为全国性品牌，是其改变了营销理念，把本来下火的茶药“凉茶”当作“饮料”售卖，提炼出了“怕上火，喝王老吉”的核心卖点，让王老吉变成流行饮料。在推广上，王老吉借助了最有影响力的央视媒体进行宣传，提升了正面的形象。在外形包装上，采用夺目的红色作为主体，获得了足够的视觉冲击力，让消费者产生强烈的印象。这些方方面面的营销策略，让王老吉成功了。

制定品牌营销战略有三个核心要素，分别是市场细分、目标市场和市场定位。人们在认识市场细分中会产生品类误区，那就是对于产品“什么都想卖”。企业要想在市场中获得竞争优势，就要确定目标市场，不要讨好所有人（因为不是所有人都能成为你的消费者，你只需要目标客户就可以了）。选准自己的品类，把区分与竞争对手的品类做到最好，集中突破一个需求点，那就可以了。

洽洽瓜子的营销案例

洽洽瓜子又是一个从区域性走向全国性的成功品牌，小小的瓜子能卖出几十亿元的销售成绩，完全得益于其正确的市场细分。在恰恰瓜子还没出现之前，市场上制作瓜子的工艺都是以炒为主，这样的瓜子虽然口感更香，但是也容易上火。洽洽瓜子正是看到了这点，推翻了整个行业的工艺规则，由炒改为煮，瓜子也变得不那么容易上火，深得消费者的喜爱。洽洽瓜子提炼出“瓜子是煮出来的”独特卖点，不再强求产品“什么都卖”，而是迎合市场的需求，从差异化的定位中锁定了消费者。

品牌营销战略的策划还有一个重要影响要素，就是市场定位。市场定位也叫竞争性定位，就是在目标市场中确定产品和品牌对自己最有利的位置，千万不要拿自己的短处去碰对手的长处，以卵击石会引起毁灭性的后果。企业找出正确的市场定位，就能在目标市场中保持优势的竞争力。

新日电动车的营销案例

行业内生产规模较大，走市场综合路线的新日电动车，在面对任何品牌电动车基本雷同的情况下，遇到了一个该如何选择细分品类的难题。新日电动车在市场调查之后，发现了行业内的电动车没有明确的品质标准，而作为消费者又十分关心电动车的品质问题。而新日电动车对自身品质是十分自信的，因此他们认为以品质为卖点相对其他品牌更具有优势。

事实上，他们定位于“品质”是十分高明的。当时的电动车市场，有些品牌定位于“时尚”，专供年轻消费者，有的品牌定位于“低价”，强调价格优势，而定位于“品质”的新日电动车开辟了电动车市场新的电动车品类，目标消费者界定为15～45岁的工薪阶层，锁定使用人群最多的三、四线城市为主要的销售地区。

过去的新日电动车宣传力度不足，传播不到位，没有充分挖掘自身价值，销售成绩不尽如人意。经过品牌的正确定位后，新日电动车集中宣传“品质标准”，以“行业品质标准的制定者——5A动力，新日标准”的品牌定位策略，雄踞电动车市场。

阿里巴巴农村淘宝的营销案例

阿里巴巴集团的战略项目中有一个农村淘宝，他们计划在3～5年内投资近100亿元，在1000个地方县和10万个村镇建立服务中心。为了做推广，阿里巴巴推出了首支农村淘宝品牌形象片，片子叫作：今天我们不谈情怀。这样的题目本身很令人耳目一新，当今很多品牌不说产品质量，也不谈企业承诺，一味说情怀，好像只要一跟粉丝说情怀，他们就会自愿地掏心窝子掏钱包送钱来。其实，在这个审美也会疲劳的时代，再多的情怀也会让人觉得矫情。淘宝这次就反其道而行，以说事实的态度，制作了这个形象宣传片。在片中，因为农村淘宝的到来令生活变得更加方便，农村里的男女老少每个人都挂着喜悦的笑容，述说着自己的生活变得越来越便利。阿里巴巴还高明地将淘宝客户经常说的“亲”，巧妙转换成乡亲的“亲”，令人觉得倍感亲切，也给农村淘宝大众留下了深刻的印象。

宜家“森林的奥秘”的营销案例

家具巨头宜家一直强调保护环境，所倡导的绿色消费理念吸引了不少爱环保的年轻人士。宜家加入到了由世界自然基金会（WWF）和中国连锁经营协会等联合发起的“绿色可持续消费宣传周”活动。

“绿色可持续消费宣传周”意在引导消费者建立可持续消费的绿色环保意识，建立绿色生活方式，其已经成功举办过两届，主要围绕与能源、海洋、森林等资源密切相关的消费行为进行宣传。

宜家在加入了这个宣传周后，携手WWF在微信上推出了“森林的奥秘”活动，主要为了调动粉丝的参与积极性，关注宣传周。在微信的活动页面里，除了介绍全球森林的保育状况，还推出了一系列的“森林小测验”，答对全部题目，就能获得宜家的“森林大礼包”。

宜家还推出了线下活动，在各地的商城内设置小朋友专区，参加活动的小朋友和家长一起进入专区参与拼图寻宝游戏，可以在这个过程中了解森林保护的知识。

其实，在品牌营销中创造品牌效应并不是这么简单，这需要和大众一起互动探索才能获得最大的启发，品牌必须致力于成为一个能够整合内容、吸引粉丝广泛参与的活动推广者。

互动营销

自从互联网思维兴起，“互动营销”成为营销策划的时髦字眼后，不少产品经理动不动就会提出互动营销，叫软文撰写者写一篇漂亮的软文，或者写一份好看的策划书，最后出来的效果却是出力不讨好，活动没有达成有效的成交量，业绩不但不理想反而浪费了运行成本。

诚然，现在的互动营销的确非常流行，就以化妆品行业为例，举办的最常见活动就是“关注账号 + 上传自拍照（或者是美丽宣言） + 投票 + 有奖转发”，号召自媒体上的 KOL（关键意见领袖）转发并邀请粉丝们参加活动。这种互动营销，虽然成功地做到了“互动”邀请人们参加，但是实际促成交易的成果很微小。消费者在参与之前往往会衡量一下品牌是否值得在自己的私人平台上转发，转发了也不一定就会增加对品牌的好感或促成交易。

互动营销在不同行业同样会遇到这样的结果，主要是与消费者互动换取高参与量，往往不一定增加品牌影响力。漂亮的营销绩效数据，不代表最终成交量就一定高，营销人员必须要记住这点。

互动营销做得成功的品牌，在快消行业有不少，可口可乐就是其中的佼佼者，例如其曾经在迪拜安置一个打免费电话的电话亭，收集快乐昵称瓶的活动等。这些活动都让人们积极参与其中。另外，星巴克推广的早起免费咖啡活动也收到不错的效果，在赢得消费者好感的同时也大大提升了品牌形象。因此，好的互动营销一定能推动品牌，而不是消耗运营成本。

一个成功的互动营销背后，一定有着明确又清晰的营销目的（是提升品牌形象，还是促成销售量）、洞察消费者的痛点、能够执行的营销步骤。营销策划人员不要只依赖于“互动”，还要更多地考虑这场营销的目的和产品本身的价值。

下面就来介绍几个成功的互动营销案例，以供诸位参考。

ALS 冰桶挑战

ALS 中文全称是“肌萎缩侧索硬化症”，是四大常见的神经退行性疾病之一，著名科学家斯蒂芬·霍金就患有这种疾病。波士顿学院的著名棒球运动员皮特·弗雷茨同样不幸罹患此病，他为了引起更多人关注这种疾病，发起了冰桶挑战，规则就是被点名的人需要在 24 小时内往自己身上泼一桶冰水，当冰水浇到全身时身体会瞬间冰冻，那种感觉就像罹患 ALS 一样，这样做可以让健康的人们感受一下 ALS 患者的痛苦，挑战者把浇冰水的视频上传到社交网站，在视频的最后还要点名另外一个人，如果有人放弃冰桶挑战就要为 ALS 基金会捐出 100 美元。

冰桶挑战一开始，就像病毒般疯狂传播，成为 2014 年最热门的营销事件，而且它由国外传进国内，经由科技界的大佬们雷军、李彦宏开始，在新浪微博这个社交平台不断发酵，引得娱乐圈的大腕们也加入了这个活动，令冰桶挑战的热度不断升温，在短短一个月内 ALS 基金会就筹集了 1 亿多美元的捐款。

作为冰桶挑战的发起人皮特·弗雷茨可能也没有想到活动会如病毒般疯狂传播，成为全球热点事件。策划的事件能得到如此大范围的推广，与它本身的公益性是息息相关的。普通的商业事件策划要想获得这么大范围的关注，还是有一定难度的。不过，我们能从冰桶挑战学习到成功的互动营销具有的要素：①容易操作的游戏机制；②成功运用社会大众心理，冰桶挑战的信息是完全公开透明的，在众人的监督下，活动得以延续下去；③利用名人效应，冰桶挑战能成为互动营销历史上最为轰动的事件，离不开公众人物的参与和推动。

微信为盲胞读书

同样是公益事件，这次是为盲胞读书。微信公众号“为盲胞读书”号召人们关注微信成为粉丝，再分配文章某个段落给他们，让他们为盲胞读出来，然后通过智能筛选选出最合适的声音收录到库中。活动上线后，还邀请了倪妮、高圆圆、胡歌等高人气明星领读文章，进行深度推广，大众也纷纷参与到这个活动中，公众号每天都会收到超过15000条的语音献声。在国际盲人节10月15日这天，公众号把录制好的有声读物“悦读盒子”送给有视力障碍的孩子，让他们通过聆听书本获得更为丰富的精神世界。

微信的“为盲胞读书”是一场非常成功的公益性活动，其除了符合上一个案例所提到的成功因素之外，还发展了一项：既满足人们自我实现的需要，又能帮助到有需要的人。这样的事情对于大众来说，不只“何乐而不为”，而且还是“多多益善”。

韩寒《后会无期》营销

韩寒作为曾经最受欢迎的80后作家之一，似乎在看到郭敬明凭借《小时代》的电影系列再次赚得盆满钵满后按捺不住了，决定也让自己多一个身份——导演。

韩寒导演的《后会无期》不像郭敬明的《小时代》有着庞大的原著粉丝基础，如何掀起关注和热点是一个大问题。韩寒的精明在于他知道电影没有粉丝基础，但是作为一个作家他具有粉丝读者群，与其在电影上炒作话题，不如干脆让电影在上映之前保持神秘感，让他和读者群间保持互动炒热话题。在电影宣传期，他不透露任何的电影内容细节，只是发布一些演员和导演的片场照，在微博上以他的“韩式幽默”调侃。他的粉丝也相当配合地在每条微博下面评论，并且出现了很多“神回复”。有些营销大号把这些“神回复”汇总起来，再在微博上二次传播，掀起了全民围观和讨论。这些前期宣传在保证了影片神秘性的同时，也在话题上做足了噱头。

影片在上映之后，韩寒又继续了互动营销。影片中主要角色的经典台词被制作成九宫格图片传播在社交平台上，网友们马上跟风进行了各种体的自由创作，其中一句“听了很多道理，依然过不好一生”和“××就会放肆，而×就是克制”，这些句式点燃了网民们的创作热情，纷纷效仿。另外，影片中小阿拉斯加犬以它可爱呆萌的形象俘获了一批粉丝，剧组也马上趁热打铁，马上为马达加斯加开通了个人微博，除了与粉丝们互动卖萌，还不断地发布电影的幕后故事，使得电影的形象更加完整。

最初试探网络互动营销的不是《后会无期》而是《致青春》，在《致青春》之后不少电影宣传也踏足互动营销这一领域，其中的《后会无期》就是表现最为优异的“跟风者”。在国内电影的互动营销可能还是新鲜领域，但是在电影行业发展较为成熟的国外，互动营销就成为最常见不过的一种宣传手法，有时候还会搭上“病毒＋饥饿营销”，两者双剑合璧，达到前所未有的轰动效应，像诺兰导演的《蝙蝠侠前传》就产生了现象级的文化效应。

电影《婚礼傲客》参与剧照制作

《婚礼傲客》是几年前的一部好莱坞商业喜剧片，在内容情节和演员阵容上同其他好莱坞喜剧片一样并无独特之处，不过它的本土票房奇高，这得益于制片方在早期宣传时，在官方网站上发起的一个活动。这个活动号召人们在官网上贴上自己的照片，再提供技术支持，让他们的照片出现在影片剧照中。这一活动使至少 300 万人主动参与设计婚礼剧照，而且不少人在过完瘾后还会主动把改造的剧照发给朋友，直到这个活动结束，参与人数已经超过千万。

整合营销

整合营销是营销策略中经常提到的一个概念，它是各种营销手段和营销工具的系统化结合，由策划者根据实际的销售环境进行及时性的动态修正。在百度百科中，整合营销的解释为："整合就是把各个独立的营销综合成一个整体，以产生协同效应。这些独立的营销工作包括广告、直接营销、销售促进、人员推销、包装、事件、赞助和客户服务等。战略性地审视整合营销体系、行业、产品及客户，从而制定出符合企业实际情况的整合营销策略，包括旅游策划营销、事件营销等相关门类。"

由此可以看出来，整合营销是一个非常大的概念，它没有具体的"操作手册"，可以说是根据具体的市场环境来策划出科学的、有效的营销策略的统称。问题是，整合营销该整合什么，如何整合？

1. 整合多种工具

如电话、邮件、展览会、公司识别（CI）、产品设计、包装设计、销售点宣传、公共关系、媒体关系、广告、直接邮寄物、赞助活动、销售促进（SP）等。

而可供选择的媒体则包括：全国性海报、交通工具载体、出租车媒体、全国性印刷媒体、地区性印刷媒体、专门性杂志、商业杂志、电台、电影院、邮件、一带一计划、上门推销等工具。整合的目的就是要将这些营销传播工具整合起来，用"一个声音"说话，相互配合，实现传播效果最优化，有效地突出品牌个性，提升品牌竞争力。

2. 不同时间的整合

品牌个性的塑造是一个策略过程，每一个阶段都有其策略的侧重点，因此，企业必须从时间上对传播策略加以整合，否则，顾客就有可能获得不完整的信息，弱化传播的效果。

3. 不同空间的整合

不同空间的整合就是要实现品牌个性全国化，甚至全球化，使企业的品牌在不同国家和地区都保持统一的定位、形象和个性。

4. 不同利害关系者的传播整合

企业各种不同的利害关系者包括中间商、零售商、顾客、股东、政府等与企业有利益联系的群体，在实行品牌整合营销传播时，应保持企业品牌统一的形象、统一的个性。

品牌联播营销专家提醒，这里仅仅只是提到整合营销的四个方面，具体怎么去实施是关键也是难点，提高执行力是整合营销的坚实支撑。

鉴于篇幅，本文就只对品牌的“言”和“行”中的广告、赞助及综合运用“言行”的品牌代言人和品牌象征物等塑造品牌个性的几个重要途径进行了较为详细的探讨，其他有许多方式不能一一论述。

DHC 化妆品的体验营销案例

DHC 作为一个相对其他欧美品牌晚进入中国市场许多的日本化妆品品牌，在抢占市场先机上已经不具有优势了。作为化妆品营销，想要在中国市场抢得一席之地，就算大量的营销投入，也未必能完全实现目标。DHC 在开始抢攻市场之前，先做了详细又具体的市场调查，再整合自身资源，然后策划出了一套整合营销策略。

网络病毒营销

根据数据显示，网络广告是最能吸引目标消费群体的领域，DHC 就采用了广告联盟的方式，在网络上投放了不少的门户网站的广告，且广告宣传上是鼓励消费者免费试用，因此广告点击率非常高，参与量也居高不下，在综合营销成本方面，因为采用的是大面积投放的网络营销，费用相对降低，且营销效果远远高于传统媒体。

体验营销

没有什么比体验营销更能赚口碑的了。一次成功的品牌体验营销，能够帮助品牌打入完全陌生的市场中，建立良好的用户评价。DHC 明白这点，其采用了试用体验的策略，试用者只需要在表单上填写简单的个人信息和邮寄地址，就可以获得 4 件套的试用装，并且鼓励试用者写试用报告，让他们与其他潜在消费者交流试用心得，而且一般体验营销的口碑都是较为正面的。

口碑营销

试用过后，就是运用口碑营销了。铺天盖地的广告轰炸和媒体收了钱就天上有地下无地乱吹一通，这些宣传都会让潜在消费者感到疲劳，并且降低对传统媒体广告的信任度。这时的口碑传播就显得至关重要，因为影响消费者购买决策的，往往是有其他的消费者推荐或建议，建立好的口碑传播是化妆品行业最为看中的营销策略。

DHC 除了鼓励试用者积极写试用报告之外，还邀请了一些护肤达人在自己的博客上分享 DHC 的使用心得，加强口碑传播。

会员制体系

不需要任何的入会费和年费，只要上网或者通过电话索取免费试用装和订购相关产品，消费者就能自动成为 DHC 的会员，并且获赠 DHC 的护肤杂志。采用低门槛的会员制度，能够提高消费者的归属感，拉近与消费者的距离，并能更加容易地在会员之间传递信息，增强双向沟通纽带。

多渠道营销

DHC 看中网络营销，但是传统媒体他们也没有轻视，为了加深消费者对其的品牌印象，不惜砸重金聘请代言人，提升品牌的气质和形象，进行多渠道的营销推广。潜在消费者在不同渠道了解到 DHC 品牌后，加深了品牌印象，在获得试用套装后，大多数都会促成购买。

DHC 通过全面的整合营销，几年来在中国的市场发展迅速，可以说 DHC 更懂得市场的运行规律，也更懂得在什么时候打什么战术。近几年来，新媒体兴起，传统媒体逐渐衰落，DHC 看到了这点，就集中火力主攻新领域，同时也不放弃传统媒体，固守与进攻两边都不松懈。对于品牌来说，提升品牌形象离不开选择合适的形象代言人，DHC 在选择代言人方面也作出正确的选择，提高了品牌的可信度。再者，DHC 通过网络的病毒营销，在短时间内加大了品牌的知名度，尽管在前期这种成本投入也许很高，但是在后期就会获得更加可观的回报了，投入一分的成本得到的是十分甚至百分的回报效应。利用体验营销，直接与消费者面对面，用好的产品影响消费者的消费习惯。最后，利用低门槛的会员制度，拉近与消费者之间的距离，最重要的是利用杂志把用户和品牌牢牢地捆绑在一起，时不时地提醒消费者关注品牌折扣和上新款的信息，促成更多的购买欲望和传播影响。

第二节　中小企业的软文营销

不少中小企业在推广产品的时候，都会注重软文营销，就像曾经的脑白金、好记星、肠清茶等品牌通过成功的软文营销，从不知名的品牌变成了老少皆知的明星产品。可是，不少中小企业并不知道该怎样配合产品宣传去撰写软文。其实，在写软文时只要注意五大要点，那么就离一篇成功的软文不远了。

1. 宣传企业产品先进性时以行业趋势为切入点

曾经有这么一个段子，说的是年收入10万元的时尚编辑在杂志上教年收入100万元的人怎么生活。想必听过这个段子的人，都会嘲笑那些“没有吃过猪肉却教别人怎么煮猪肉”的时尚编辑，可是每年都有不少大品牌愿意投入几百万元甚至上千万元的广告费到杂志上，而这些杂志就是年收入10万元的编辑们所编写的。其实，人们愿意看杂志，是因为杂志在某种程度上所倡导的生活方式所代表的先进性，它在无形之中灌输了一种“社会精英就该这样消费购物”的思想，人们为了获得自我满足的存在感自然会追捧杂志所吹嘘的。

同样的，中小企业在推广产品的时候，要深层次地挖掘产品的特点，并以此为卖点大加宣传，建立企业和产品的市场地位，吸引顾客的关注，引起同行和经销商的效仿，让自己成为行业的口碑。此外，为了让产品更具有说服力，除了抛出新的行业概念外，还需要以非常专业的知识去客观支持所提出的观点。

2. 增加阅读趣味性

铺天盖地又硬生生的广告会让人们看都不想看，为了让人们能无意识地接受产品广告，软文也就应运而生。既然这样，我们就不要忘记任何软文千万不要掉了一个“软”字，要让读者有兴趣阅读下去，而中小企业可以从“写故事”入手。

有一个木瓜香皂品牌，在推入市场时其定价高于市面上绝大多数的香皂，但是其以生动的故事描述特性，并且以祛斑美白为卖点牢牢抓住了想祛斑的女性心理。此外，这个香皂牌子的软文还以品牌代言人来说事，说该代言明星本以一脸雀斑为人熟知，现在使用了该品牌香皂，标志性的雀斑居然没了，这可叫代言人不知如何是好。最后说假如你也像代言人一样拥有一脸标志性的雀斑就千万不要尝试该品牌香皂，否则别人会因为你变白了而不认识你。不用多说，这篇软文一经推广，就令每个爱女的女性有一种非试不可的冲动。

当然了，我们所说的“说故事”，并不是无中生有地“吹牛”，而是善于巧妙地利用产品本身具有的特性或功能，换个角度提炼出来作为卖点，再根据现实组织出一个生动有趣的故事。

3. 反复灌输一个主体概念

你是否觉得电视上的脑白金广告很烦人，不管它的广告形式换了多少次，每次的广告语说来说去只有一句“今年过节不收礼，收礼只收脑白金”。也许你每次见到脑白金的广告都会厌烦地转台，但是假如有一个问卷调查问你印象最深的广告品牌，很可能你的答案就是“脑白金”！

实际上，广告点子不重复说、不反复说，是不可能让人们记住的。就像近几年的益达广告，益达的电视广告上不断更新故事，内容一直在变化，可观众最后都会记住一句——“这是你的益达”。软文也需要这样操作，要不断地灌输一个主体概念，例如“我们不生产水，我们只是大自然的搬运工”“哪里不会点哪里，so easy”这些朗朗上口的广告词经过不断地重复，就会令人们加深印象。

4. 软文的语言风格可以口语化一些

记得我们刚学写作文的时候，老师会千叮万嘱“不能口语化”，生怕文章一旦口语化就会把整篇文章的格调给拉低了。那么，软文为了保持格调也要向新闻看齐，一定要咬文嚼字、字字标准、句句正确吗？

要清楚的是，软文营销与面对面的推销是一样的，过于冷冰冰和爱扯官方字眼的推销口径会让人们产生疏离感。语言适当地口语化，要以幽默有趣的口吻打动看软文的人。同时，可以适度地夸张化一些，这种夸张需要基于客观事实，以朋友般关心的口吻打动消费者。就像几年前，几乎所有的祛痘产品都在说人们脸上的螨虫，当人们看到照片上放大的毛孔布满了螨虫时，恨不得马上就给自己的脸蛋来一场“除螨大行动”。其实，根据科学调查，只有少数人是真正有螨虫困扰的，但是这些产品把螨虫说得人人都有，于是这个除螨市场就被打开了。

需要注意的是，在软文中适度夸大的往往不是产品功效或功能，而是客观存在的事实，仅仅是因为宣传而适度夸大是情有可原的，但是措辞要恰到好处，不能言过其实，变成虚假广告，欺骗消费者。

5. 与报纸杂志合作，软文契合有新闻价值的热点，成为有偿新闻

国内的有偿新闻鼻祖非“脑白金”莫属，其契合了当时轰动全球的新闻热点——克隆技术，再介绍自身产品功效，让读者看得津津有味，等看完了才知道自己读的是一篇“长广告”。契合热点新闻的软文更具有可读性，能引起读者关注获得更好的宣传效果。

新闻类软文的创作能运用在产品推广和公关活动进行时的阶段，较为让人津津乐道的案例就是酷儿饮料，其在上市时投放了一系列的电视广告和线上广告，发布了一系列的新闻式软文，让业内人士大加赞叹。在上市之初，酷儿就意识到作为全球知名品牌的可口可乐具有潜在的新闻价值，于是撰写了一篇名为《可口可乐掷一亿打造酷儿饮料品牌》，以“可口可

乐”和“一亿”吸引关注度。另外一篇《角色行销进入中国》的软文，则在新闻界创造了一个全新的名词。酷儿在短时期内频繁地、大量地在新闻、专刊版面上发布，作为有偿新闻能突破审查的限制，在内文中直白地写出企业和产品名称，说明软文本身就具有极高的新闻价值，也说明酷儿所策划的这些新闻软文极具广告价值。软文能以新闻的形式在报社新闻版面发布，这才是软文的最高境界。

第三节　各种体裁软文的写法

论证类软文

论证，无非就是以理服人。软文不能一味地动之以情，还要掷地有声，有理有据，服服帖帖地让人去相信。

写论证软文，逻辑要清晰，更要严密。在动笔之前，从读者的角度去想，这样写会有什么漏洞，会不会被读者质疑？一旦发现漏洞问题，就要把自己当作一个修补匠，把你的观点用水泥严密地一层层修补上去，直到整篇文章变成坚不可摧的堡垒。

一般来说，论证软文的构架是先抛出论点，再说论据。在论据上，千万不要像记叙类软文抛出个人情感，而是引经据典，以科学事实、以数据、以图表去阐述。这不仅要求撰写者有严谨的逻辑思维，还要有一定的专业知识，并且在下笔之前一定要做足学习研究，此外，凝练流畅的文笔也必不可少，否则全是理论的论文很难不走进呆板、空洞、冗长的死胡同。

记事类软文

在符合事实的基础上，以情感为导向，把品牌结合在一起，编写出悲伤、欢喜、风趣的故事，主要强化品牌宣传，多用于品牌故事的塑造。

在传播平台上，不妨集中在微信订阅号和博客等一些互动性比较强的平台。撰写记事软文，一定要有很强的故事性，最好具有小说般的戏剧性，还能有议论文一样的承上启下。故事可以在事实的基础上修枝剪叶，分重点地选择润色部分。要把情感导向放在首位，同时又不能前后矛盾，细节更不能经不起推敲。

护士的一天

门户网站腾讯推出过一个很受欢迎的栏目，叫《中国人的一天》。这个栏目向全国征稿，人们只要把自己真实的一天生活记录下来，就有可能在栏目上刊登，甚至出现在腾讯的新闻首页被做成封面。这个栏目关注的是人生众生相，别人可以从这个栏目了解到平时难以接触到的各行各业，所以十分受关注。栏目有时候能突破十几二十万的点击量，巨大的点击量说明了这个栏目的受欢迎程度。

某个地方有家仁爱女子医院，拍下了自己医院里女护士一天的工作情况，并配以十分煽情的文字，诸如“护士是所有人一生中谁也无法拒绝的天使，生命的花开花落，都和护士有关，面对鲜血、呻吟和泪水，她们毫不迟疑地伸出双手……匆匆的脚步，忙碌的身影，温暖的微笑，贴心的叮咛，她们用生命中的美好年华谱写着奉献的赞歌”。

院方赞许护士无私奉献，向社会传递正能量，这无心之举反而引来了各方的兴趣。医院的名字在一天内成为了热门搜索关键词，栏目点击量达到了 17 万多，医院的曝光率陡然上升。在收红包、推销高价药品、医生缺乏职业道德等问题频频见报的今天，一家尽心尽职的医院马上获得人们的推崇，潜在病患在享誉之下纷至沓来。

新闻稿类软文

新闻稿类软文形式有很多种，也是软文的主要表现形式之一，多数在报刊和门户网站上发表。好的新闻稿软文，一般能让读者感觉不到自己正在看一篇“软文”，而更像是读新闻。新闻稿软文的优势在于足够“软”，给读者更加直观的感受，让人容易接受。软文就可以围绕着产品诉求来宣传产品内容，就像科普式的新闻软文，一般以专业知识去解构事件再切入产品。还有一种形式就是立足于社会新闻或热点新闻，结合新闻点与品牌进行推广。

企业一般会采用新闻稿类软文，因为其具有多重优势。

1. 新闻稿软文的特点

①完整阐释功能。无论是路牌广告，还是电视广告，广告的属性决定了它不可以采取说理或陈述的方式来表现。但是，新闻就不一样了，它可以用文字把一件事说得明明白白。因此，新闻报道可以把企业要传达的目标信息传播得更准确、详尽。

②具有高性价比优势。一般来说，同样版面的企业新闻传播，成本只有广告的1/5，甚至更低，对于那些广告预算紧张的企业，当然是非常划算的。

③具有及时传播特性。一个企业发生了具有对外宣传价值的重大事件，就必须在第一时间把信息传播出去，否则就失去了新闻价值。此时，只有启动新闻传播才能实现这个目的。

④具备危机公关职能。为什么许多企业发生危机事件后，第一时间想起的就是启动新闻传播？因为新闻传播具有危机公关的职能而广告不具备。

⑤具有二次传播特性。所谓“二次传播”，就是一个媒体首先发布出来之后，别的媒体纷纷转载，这样的事情屡见不鲜。

2. 新闻稿软文的网络宣传作用

①网络新闻稿软文具有二次传播特性，媒体转载新闻稿软文并不新鲜，而我们很少看到这样的情况：一个广告因为设计得好，被别的媒体转载了。

②当潜在客户运用百度等搜索引擎搜索企业的公司名或者产品的关键词时，就会在一个页面或几个页面上，连续看到发布在各大网站的相关新闻报道。客户看到有这么多网络媒体报道了这家企业，能加速客户的

成交。

③让客户有机会直接在门户网上相关频道看到关于企业产品的新闻，产生直接的点击或者评论，带来直接客户。

在写法上，也要以新闻事件的手法去写，新闻要素必不可少，同时时间也要足够的“新”，也许事件不是最近发生，但是也要尽力让读者认为仿佛就是发生在昨天的事。

3. 新闻稿软文常用写作手法

新闻稿软文写作手法类别有多种，其中经常用到的有两类：

（1）新闻通稿

传统的新闻通稿，就是新闻通讯社在采访重要新闻后，把编写出来的新闻以统一的方式发给全国媒体，以便它们发表刊登，后来演变成范围更广的企业或工作室，对外发布自身新闻信息，而组织的新闻稿件。新闻通稿有效地帮助企业树立品牌或企业形象，是深受营销人士和企业公关欢迎的宣传方式。

新闻通稿与传统媒体的写作方式是一致的，形式上分为消息稿和通讯稿。在写消息稿时，要先对整件事进行简单和完整的描述。而写通讯稿时，则对某方面的消息内容进行补充，如背景性的介绍、背后故事的花絮报道等。新闻通稿在文笔上不需要太多的技巧，不要脑洞大开以文学性的手笔去写新闻稿，做到语句流畅、没有语病、用词正确和客观、条理清晰就可以了，但尽量少用形容词。

（2）新闻报道

新闻通稿形式较为简单，为了加大推广效果，还要有一定的新闻报道。新闻报道的写作形式一般以新闻媒体的口吻和写作手法对某件事进行详细的报道和概述。例如，不少楼盘为了增加人气都会推出不少的暖场活动，策划人员就会对每场活动进行报道，以图文并茂的形式告诉人们活动的精彩，会收到更好的宣传效果。在撰写新闻报道时，要模仿专业的新闻媒体是怎样报道的，用新闻发掘出事件的热点，用新闻结构组织正文。

在此，分享脑白金经典软文范例供大家参考。

两颗生物原子弹

20世纪末生命科学的两大突破，如同两颗原子弹引起世界性轩然大波和忧虑：如果复制几百个小希特勒岂不是人类的灾难？如果人人都能活到150岁，且从外表分不出老中青的话，人类的生活岂不乱套？

一、“克隆”在苏格兰引爆

在苏格兰的一个村庄，住着一位53岁的生物科学家，他就是维尔穆博士。他培育了一个名叫“多利”的绵羊，为此他本人获得的专利费也不会超过25万美元。但这头绵羊和脑白金体的研究成果一样，形成世界性的冲击波。

二、“脑白金体”在美利坚引爆

脑白金体是人脑中央的一个器官，印度2000年前就称之为“第三只眼”。近几年美国科学家们发现，它是人体衰老的根源，是人的生命时钟。这项发现如同强大的冲击波，震撼着西方国家。《纽约时报》报道：“2000年前中国秦始皇的梦想，今天在美国实现了”；《华尔街日报》发表“一场革命”；《新闻周刊》居然以“脑白金热潮”为标题，于8月7日、11月6日封面报道，阐述饮用脑白金的奇迹：阻止老化、改善睡眠，倒拨生命时钟。

美国政府FDA（美国食品药品监督管理局）认定脑白金无任何副作用，脑白金的价格在美国加州迅速被炒到白金的1026倍。不过，在大规模生产的今天，消费者每天的消费仅1美元，在中国不过7元人民币。脑白金体的冲击波迅速波及全球。日本《朝日新闻》、NHK电视台大肆报道，中国台湾人从美国疯狂采购脑白金产品，中国香港政府不得不出面公告：奉劝市民饮用脑白金要有节制。

中国内地也不例外，1998年4月5日中央电视台《新闻联播》播放“人类有望活到150岁”，详细介绍脑白金体的科技成就，《参考消息》等各大媒体也都相继报道。

三、什么是克隆

克隆是“clone”的音译，其含义是无性繁殖。传统的两性繁衍中，父体和母体的遗传物质在后代体内各占一半，因此后代绝对不是父母的复制品。克隆即无性繁殖，后代是与父（母）完全相同的复制品。

美国商业部预测，“2000年克隆生物技术产品的市场规模将超过500亿美元”。克隆技术主要用来制造保健品。

四、什么是脑白金体

人脑占人体重量不足3%，却消耗人体40%的养分，其消耗的能量可使60瓦电灯泡连续不断地发光。大脑是人体的司令部，大脑最中央的脑白金体是司令部里的总司令，它分泌的物质为脑白金。通过分泌脑白金的多少主宰着人体的衰老程度。随着年龄的增长，分泌量日益下降，于是衰老加深。30岁时脑白金的分泌量快速下降，人体开始老化；45岁时分泌量以更快的速度下降，于是更年期来临；60~70岁时脑白金体已被钙化成了脑沙，于是就老态龙钟了。美国三大畅销书之一的科学专著《脑白金的奇迹》根据实验证明：成年人每天补充脑白金，可使妇女拥有年轻时的外表，皮肤细嫩而且有光泽，消除皱纹和色斑；可使老人充满活力，反映免疫力强弱的T细胞数量达到18岁时的水平；使肠道的微生态达到年轻时的平衡状态，从而增加每天摄入的营养，减少侵入人体的毒素。

（本文有删减）

访谈类软文

因为便于植入，访谈类软文很早就出现在传统媒体中，刚开始是在纸媒体上以访谈栏目出现，慢慢地也出现在电视广告中。等到互联网兴起，访谈类软文更是层出不穷。

1. 访谈类软文的优势

访谈类软文牢牢抓住了受众想熟知光环人物的心理，与一般软文比较，访谈类软文具有以下几个优势。

（1）适合于新手尝试

新手刚开始接触软文，不妨从访谈类入手，在写法上先模仿一些套路，由浅入深着手描写人物，事先要对受访人物做好功课，多了解人物的履历，再围绕着受访者的特点或人生经验准备好采访大纲，也可以适当做些延伸和拓展。在采访过程中，多留心听讲，做好笔录，那么一篇访谈类软文可以说是“手到擒来”。访谈类软文，最重要的是做好采访大纲，有意识地引导受访者往产品上靠拢，最后根据访谈内容整理出软文结构，再在内容上进行润色就可以发布了。

（2）发布位置显眼

访谈类软文的受访者多是知名人物，这些知名人物本身就有很高的关注度，再加上媒体对于名人访谈类文章十分看重，愿意为其做推荐、置顶，关注度自然有保障。而且访谈类软文多是迎合用户需求的东西，在兼顾关注度的同时不用担心没人看。

（3）审核容易通过

我们知道不少论坛对广告帖非常反感，有的专业站点甚至对此是“格杀勿论”，同时对原创、有干货、有趣、能引起话题的文章又奉为至宝。要想在大量文章中脱颖而出，访谈类软文不失为制胜法宝，因为其具有原创性、话题性等特点，所以即使隐晦地存在产品推广，也能通过审核。

（4）容易被转载

访谈类软文的内容一般都是真人真事，有着真实可靠的经验，比其他软文更可靠、更可信。假如受访者是行业翘楚或是在某方面具有一定成就的人，那么他的经验价值会让很多人想学习借鉴，他的人格魅力也会吸引粉丝关注。假如受访者在受访中妙语连珠，爆料各种内幕，还给出很多值得人学习的干货，那么这篇软文，就算原封不动地照搬下来，也能一石激起千层浪，引起强烈的讨论和转发。而且，如果受访者在行业内具有一定的知名度和人脉，那么他也会极力帮助宣传，甚至主动找寻媒体发表。通过文章树立个人和企业品牌，是每个受访者都盼望的好事。

（5）易写且素材丰富

访谈类软文是围绕一个或多个主题展开的，然后谈感受，或进行思维上的延伸、拓展。线性思维的文章非常易读，容易被读者接受。而且访谈类软文的素材方便编辑，就算访谈中积累的素材较少，也可以在网络上找到丰富的人物素材进行补充。

2. 如何写好访谈类软文

相比传统软文，具有多种优势的访谈类软文该如何写好呢？又有哪些要素需要注意呢？

（1）标题的设置

标题是决定人们打不打开看的关键，其重要性就无须赘述了。访谈类软文标题很容易犯的一个错误就是抓错了访谈内容的热点，起一个像白开水一样索然无味的标题，撰写者要结合内文，抓住读者心理。所以访谈类软文要让读者看到标题就有种很想读下去的冲动。大部分读者都是充满好奇心和猎奇心理的，所以标题可以围绕着让人好奇、标新立异、奇特等方面去写。

例1：“××：买不起房为什么不回农村去”就是一个非常标新立异的观点，对房产好奇的人会看，有猎奇心态的人也会看。

例2：“他等了10年，就为了这个万无一失的商机”，读者看到这样的标题，好奇心会瞬间被挑起，究竟是什么商机，能让一个人等待10年？

例3：“暴风雨过后的财富发现”，在寻常逻辑中，暴风雨只会带来经济损失，怎么会出现商机呢？

这些都是吸引读者阅读的标题。在标题上，不妨多借鉴一下《知音》和网络的标题党，看看其他的软文文案是怎么取一个引人入胜的标题的。

（2）一开始就要设置悬念

知道希区柯克的电影为什么历经半个世纪，还能被人们奉至经典吗？那是他的电影总能在丝丝入扣的情景中插入一个又一个悬念。其实，不管是电影，还是软文，要想人们能一鼓作气地看下去，就要有吸引人的悬念元素。因此，访谈类软文的开头要设置一些悬念，人们一般会沿着软文的思路，为了悬而未决的开头一直读下去，追寻悬念的答案。

开头的悬念，一般从常规中找到不寻常的事件。

例 1：印度已有三十万人预约了 × × 牌手机， × × 牌手机的“饥饿营销”在国内大行其道，登陆印度后会有怎么样的历程和结局。

在很多读者眼里，印度是一个“神奇”的国度，这种神奇就是源自于不了解，当软文将“印度”“国产手机”和“饥饿营销”结合起来，势必能引起读者的好奇。

例 2：他辞去公务员的铁饭碗，毅然创业不过是为了给患白血病的儿子支付高额医疗费用。可是他的妻子和家人对于他的创业却闪烁其词，不愿谈及。

读者读到这里，会好奇为什么为了儿子创业支付高额医疗费用反而得不到家人的支持？难道还会有什么隐情？

例 3：一场无妄之灾，令她一夜之间从富翁变成了“负翁”，她忍辱受屈三年，三年后东山再起，创造出比三年前更多的财富，她是怎样做到的呢？

直接抛出问句，能起到引导的作用，能更加扣人心弦，究竟她遇到了什么无妄之灾？她又是遭受了怎样的屈辱？她到底怎样做到东山再起呢？这些问题就会一个接一个地出现在读者的脑海里，让他们产生了一种解密心理。

（3）故事要有高潮起伏

写访谈类软文，不能让读者去发掘受访者的人生亮点，也不能流水账般去展现别人的履历。每个人的人生即使看起来索然无味，但是细嚼之后也会发现耐人寻味的地方。受访者更是如此，幸运的是，他们的身上一定会有比普通人更多的曲折经历。不过，有些受访者可能较为谦虚，他们会表示："其实这样的成就不算什么，刚好是我遇到了而已。"采访者遇到谦虚的受访者，就要不停诱导他们说出背后的故事，否则写出来的文章就会毫无看点。

在写作手法上，也要写出让读者情绪有高低起伏的句子。

例 1：某上市公司老总在创业之初，想拉朋友入伙，结果一共来了 24 个朋友，23 个人反对，还有一个模棱两可，可是主人公毅然决然地决定开始创业……

这样的情节足以让读者的情绪随着采访的发展跌宕起伏，让读者对故事和主人公的印象更加深刻，更加关心采访对象的命运走向。

例 2：当所有人都在庆祝时，他却产生了不祥的预感……读者会想到底是什么令他产生不祥预感？

例 3：他在家里来回踱步，满腹心事，不知如何是好。突然，他被窗外的声音吸引住了，走近一看，大叫了起来："有了，就是这个，它能帮我渡过难关！"

如果换一种表述方式，像"他满腹心事，不知如何是好。这时，他听到窗外传来煎饼果子的叫卖声，马上想到怎样改良他的移动摊位——增加多种小吃种类。"对比之下，是不是觉得第二种表述方式较为平铺直叙，没法牵动读者的情绪？写访谈类软文，关键就是要有技巧性地设置一环扣一环的悬念。

（4）巧妙地植入推广对象

一般情况下，访谈类软文的访谈对象就是推广对象的直接关联人，所以可以将推广对象信息植入到采访和访谈类软文的任何一部分，只要是围绕采访和访谈对象植入，并且不过于显眼即可。

例如：在我们推出第一款产品时，产品性能还是相对简单的，只能满足……但经过十几代的迭新，到了今天，我们的××产品已经能做到……

这种经过被采访人之口，紧紧围绕采访内容，对推广对象进行植入，能够将推广对象不着痕迹地融合到采访中。

（5）多种多样的结尾

访谈类软文的结尾一般是评论性的，可以根据故事写一段总结，也可以做一段评论，或是发表一下自己的观点与感慨。

例1：这让我们看到，我们中国的企业家，相对美国的企业家，要付出更多……

例2：我们在感叹创业之艰辛的同时，也被××坚韧的精神所感动。

第四节　品牌文化传播软文

产品介绍类软文

顾名思义，产品介绍类软文，就是叫撰写者先忘记体裁，直截了当地在文中对产品的各种属性进行详细的介绍。撰写者要抛弃掉给软文增设各种夺人耳目的“技巧”，而是设想一个这样的场景：假设有一位家庭主妇，她正在考虑要不要买你的产品，她问：“我不知道这个产品究竟适不适合我?”面对她这样的问题，你会怎么说服她购买你的产品？是不是夸大产品功能优越性和尽可能地输出产品卖点？其实，是否能说服她购买你的产品，关键是看你能否获得她的信任？

那么，把推荐给家庭主妇买产品的说辞放到软文中，又该怎样表达呢？

①不要使用含糊其辞的词语，像“差不多”“左右”“也许”等这些词语，在产品软文中是绝对不能使用的。为了吹嘘产品的功能属性，而夸大其词，但是又怕夸大的事实会带来用户追究的麻烦，因此以为使用一些含混的话语，就能免除后顾之忧。殊不知，这样做反而会给读者带来误解，并且无法取得他们的信任。

②不要使用高级词汇，不要用华丽辞藻堆砌一篇产品软文。产品软文很容易让撰写者走入一个误区，那就是尽可能地使用高级词汇来描绘产品的特性，好像不这样做，就无法体现自身产品优于竞争产品。实际上，看似文采斐然的软文往往有一种“喧宾夺主”的感觉——你是想让读者买产品呢，还是仅仅赞赏文章写得好？产品软文要一针见血地指出功效和优异性，而且要实事求是。在讲事实的同时，不要像做毕业论文一样生硬地

说，而是要把事实讲得引人入胜。

③产品软文该短就绝对不能长吗？这完全是无稽之谈，没有任何事实证据要求一篇产品软文需要“短小”，同样也没有哪条清规戒律需要它必须多长。软文要多长，完全取决于产品的需求。一些产品如口香糖，那当然就没有多少内容值得大加描述。但是遇到了电子类的产品，那就不妨细致地描述它的各种功能和特征。人们也许会认为一篇篇幅过长的软文会令读者感到厌烦，其实这种想法并不客观，对于一个潜在消费者来说，他会想更加详细地了解产品，因此，产品软文应该尽可能完整。纽约大学零售研究院的查尔斯·爱德华博士曾经说过：“讲的事实越多，销售得越多。一则广告成功的机会总是随着广告中所含的中肯的商品事实数据量的增加而增加的。”至于软文，道理同样如此。

④在软文中加入用户的使用体验，这比一味吹嘘自家产品有多好更具有说服力。消费者购买产品的信任度，在促成交易上起到很大的决定作用，他们想知道使用过它的用户有着什么样的体验，这也就是为什么老带新的熟人生意比随机客户更容易做。世界上著名的文案撰稿人吉姆·扬说过：“无论什么企业都会碰到同样的问题，就是如何让客户信服。邮购广告主知道，最能使客户信服的，莫过于另外客户的现身说法。”这话一点不假，看那些电商网站是有多么注重用户评论就知道了，一个好评对它们来说没什么，但是一个差评就能令它们焦头烂额。

⑤尝试撰写那种可以为人们提供有用咨询或服务的软文，这种软文能吸引更多的读者。人们更希望通过阅读一篇文章（无论什么文章）获得什么，例如看笑话能获得娱乐效果，看时尚文章能知道这季度流行什么。那为什么一篇软文除了推销产品之外，不能给读者带来额外的“干货”？就像你想推销某个品牌的衣服，可以先撰写一篇有关季度性流行的单品，告诉人们这些单品是 T 台最潮的流行元素，接着再穿插介绍需要推销的衣服。一个对时尚敏感的人是不会放过任何潮流单品的，那么即使他知道这是一篇软文也会津津有味地读下去。

⑥对产品要实事求是，不能夸大其词。这点很重要，这关乎诚信问题，如果产品欠缺某些功效或功能，就不要在软文中天花乱坠地夸赞。

⑦不要把产品软文当作文化作品一样去写。软文归根结底就是推销产品，把软文写得跟获“茅盾文学奖”的作品似的是失败的。软文文辞不需要高深，如果可以，请尽可能口语化，使人人都能了解，直接打动消费者。

用户体验软文

前面说过，消费者购买产品之前，更希望看到其他用户“现身说法”，再决定是否要购买产品。因此，也就出现了根据用户的使用感受撰写的软文。那么，用户体验软文应该怎样写呢？

1. 标题

标题不能标题党，但是这不妨碍你写一个好标题出来，引人入胜的标题是任何文章都需要的。在用户体验的软文标题中，需要开头就点出试用的产品名称，再用一句话概括它的功效。例如，“祛痘大作战：使用×××产品一疗程后，痘印消失了。”又或者在标题中透露使用者的信息，增加用户的阅读兴趣和优化SEO搜索，诸如：“我爱我家，育儿大典促成班，和宝宝一起成长的妈妈”“辣妈养成记，看我如何从孕妈瘦成潮妈”。

2. 正文

在正文中要添加使用用户的信息，介绍用户的属性，让读者在阅读时更好地了解到使用者的背景。例如，作为一篇给妈妈们看的用户体验软文，就要具体介绍一下宝宝的身体和生活状况，是1岁还是3岁，断奶情况，身高体重，为什么需要这种类型的产品。而美容产品的试用，就要具体介绍使用者的年龄、皮肤状况，之前使用过什么同类型的产品获得怎样的效果等，在不暴露使用者的隐私之下，尽可能地详细介绍使用者在使用之前的状况，然后再详细对比使用之后的状态变化。

在介绍产品的时候，要详细说明产品的品牌和具体型号（款式），像现在的电子商品品类繁多且复杂，如果没有事先说清楚是哪个型号，会让读者困惑。同时，也要注重突出该产品的某一种特性，例如使用防晒美白产品，就要介绍该产品采用了什么制作原料，这些原料具有什么样的特性能更好地获得防晒的功效。或者比较同类产品，该类产品有什么优于其他产品的地方。然后才在下文一一展开，证明产品的功效。

作为使用者，也不要忘记了说明为什么购买这款产品，这样做能让别人在文章中找到自己的需求点。就像写宝宝用品的体验软文，身为妈妈可以说，因为对宝宝的食品安全问题存在忧虑，希望能给宝宝提供一个更加健康安全的食品环境，决定买宝宝榨汁机亲自动手给宝宝制作营养健康的水果奶昔。

在正式介绍产品的软文中，务必记得一定要图文结合，给人们最直观的使用体验。图片一定要有对比性，例如使用之前和使用之后的对比，告诉人们这款产品的功效是多么的显著。图片要保持清晰美观，虽然不要求照片照出专业摄影人士的水平，但是光线不能暗，图片不能不清晰。要达到这些要求，如果可以，学习使用 PS（图像处理软件）的技术，在图片上加一些说明文字，但是不能过多地修图，以免影响图片的真实性。

最后，要有总结的语言，告诉人们这种产品适不适用，推不推荐。当然了，凡事要实事求是，不能夸大其词，混淆事实，欺骗消费者。如果产品能在电商上购买，可以附上链接方便他人购买。

豆浆机的试用报告

使用者信息：智能家电热爱者，吃要吃得养生，活要活得开心，对生活品质有一定追求的女白领。

使用产品：朝阳牌 HI900 豆浆机。

用途：根据科学研究，黄豆含有对女性身体很好的激素，为了调节生理期，在医生的建议下，要多喝点豆浆。可是，我寻思着外面卖的豆浆不知道是不是货真价实的黄豆榨汁，很多新闻上说外面卖的豆浆都是兑水或者是冲粉的。作为一个吃要吃得放心、安心和养生的人来说，“求人不如求己”，干脆自己买一台豆浆机，自己想喝多少榨多少，方便又放心，从此以后妈妈再也不用担心我喝不到新鲜的豆浆了。

为什么选择朝阳牌

朝阳牌的豆浆机，我们家也用过几台了，刚开始的使用体验并不是很好，噪声大、豆渣糙、磨浆慢。买回家之后，用过几次，就嫌麻烦搁置到一边去了。因为有了不太好的第一次使用体验，我是想着换别的牌子，可是在询问了一圈闺蜜们的意见之后，她们都推荐还是朝阳牌的好。为什么呢？因为经过几次的更新换代，朝阳牌的豆浆机已经改进了很多，之前的问题也已经改善了。而且，听说最近这个牌子在搞活动，不仅折扣多，还送很多赠品，于是我决定到商场先了解下，再决定下不下手。

后来，经过跟其他品牌的对比，我发现朝阳豆浆机的精磨是从左到右依次降低的，这点提高了精磨的程度，且每台豆浆机都备有刷头，非常方便清洗，十分适合我这种“懒人”。而且，这台机子还有一个特点非常符合我的“心水”，那就是它是全自动的，即使放的是生豆子，出来的还是满满一杯黄豆浆，定时设置还能提醒我什么时候能喝到香浓的豆浆。加上它的性价比高，我决定还是把它搬回家了！

真实体验，效果杠杠的

废话不多说，直接分享我的榨汁体验：

把泡好的黄豆放入一个豆浆机自带的量杯内，根据说明书一个小量杯的黄豆量，能榨出满满的200ml豆浆。

把黄豆倒进豆浆机，特意设置了一键全自动的香浓智能模式，机器显示30分钟后就可以喝到香喷喷的豆浆了。在这段时间里，我打扫房间洗衣服，完全没有跑去查看豆浆机的进展，感觉这么方便又不用人费心的豆浆机也是棒棒哒。等30分钟过后，豆浆机发出了闹钟声响，提示我豆浆已经弄好了。我过滤的时候，发现豆渣磨得特别细，豆浆也非常黏稠香浓，我对豆浆的颜色跟浓度都非常满意，这里点上32个赞！

为了验证豆浆机真的如广告所说的容易清洗，我还没喝完豆浆，就马上使用它的自备刷头清洗起来，发现由于豆浆机本身的设计跟材质，真的很容易就清洗干净了。连清洗也这么方便，真的值得给它一个满分！

使用心得：香浓惊艳，经得起时间的考验

自从有了这台豆浆机，我差不多每天都要做豆浆喝，发现每天一杯香浓的豆浆，不仅能让我的生理期疼痛有很大的舒缓，还让我的皮肤越来越光滑了。从性价比来说，我也是十分满意的，毕竟从买到现在快半年了，差不多每天得使用，也还没有发现任何的问题，可能这也与我严格遵从说明书的使用指导有关，即每连续使用30分钟，我就会让它休息一会儿。

此外，每天早上喝上一杯豆浆，真的能增加一天的幸福度。

第五节　具体行业实战演练

汽车行业的软文

汽车行业软文在推广中被视为重要的营销推广手段，而要想写出一篇可称之为“优秀”的软文，就要注意很多方面，其中有些技巧也是不能不知道的。

1. 标题

汽车门户网站上的软文是有严格字数限制的，一般的篇幅在 500～1500 字。标题最好简洁明了表达出核心思想，字数控制在 16～20 字，最好有点噱头或者输出汽车的卖点，如《不花一分钱，××汽车免费开三年》《为颜值加分，为运动加力，为安全加智，××汽车限量上市》。

2. 分段逻辑要清晰

汽车软文一般分为产品软文、行情软文、对比软文、试驾软文、游记软文、活动软文和促销软文等类型，当写到产品类的汽车软文，就需要把该车型的卖点分段列出，不然读者就会混淆卖点，给人逻辑不清晰的印象。促销软文和行情软文要根据不同车型的具体促销方案分段罗列出来，让读者了解到车型和价格信息。活动软文，就要让读者知道活动的具体信息，提升活动可信度，分段罗列出活动时间、地点、车型等内容。

3. 图文并茂

汽车软文没有一张相关汽车的图片，就是一篇不合格的软文。图文并茂的汽车软文，具有很大的说服力，起到非常直观的形象效果。选择的图片，最好是45度角拍摄的全景照片，还有汽车前部、后部以及内饰部分，背景尽量选择比较优美的环境，可以选取官方发布的图片，但是最好不要是概念图，而是实物图，否则读者会觉得图片不能说明事实情况。有时候，限于实际条件没有汽车的实物图，就要选取网上的图片，这时候记得消掉图片原本的水印。还要注意，不是节能补贴的车型就不要出现节能补贴的标识。

4. 发布在网络上的软文可以添加超链接

为了能让读者更加深入和直观地了解车型，就有必要在文章添加官网网站链接，丰富车型信息。

5. 添加“关键词”

为了让搜索引擎搜索得到，最好在软文开头或结尾处增加关键词，如高颜值、游记、免费开三年、油卡等词语，格式上加大加粗起到强调作用，这样能提高搜索结果的排名。

6. 结尾处要总结

汽车软文结尾之处最好总结一下，大致说一下这款车给人们带来的直观感受，或者说一下性价比。已经试驾过了，总结一下试驾感受，让读者对车子有个总体了解。

旅游行业的软文

随着生活水平的提高，越来越多的人开始想“世界这么大，我想去看看”。可是，到底去哪里好呢？人们将平时节省下来的钱和积累下来的假期，筹划着一个个激动人心的旅游计划，他们会根据实际情况选择目的地（预算和假期时长），在参考了一堆的旅游攻略之后，他们往往会有两三个地方供选择——究竟去A地好，还是B地？那么一般决定他们最后下定决心的因素是什么？

根据调查数据显示，人们选择去一个地方玩（除了资深驴友外），多数会因为这个地方名气够大，例如像云南的丽江和大理，经过那么多的影视作品的渲染和公关炒作，人们就会对这个地方产生好奇，并想着去“看看”。另外一个影响他们选择的因素，也就是亲戚朋友的推荐和介绍，“丽江这个地方好，古镇古色古香的，还有雪山可以看，值得一去”，但是也会因他们的不推荐而打消去这个地方的念头，“丽江虽说是古镇，但是完全商业化，已经失去了那种原汁原味的感觉”。

作为旅游行业的软文，就要从人们的心理需求点出发，打消人们的顾虑，从性价比上来推荐这些旅游地有什么值得玩的。事物往往具有两面性，例如上面提到的丽江，两种观点一正一负，两种看法也并无对错，都是客观存在的事情，而作为软文撰写者为了说服看这篇文章的人去旅游，就要给旅游地树立一种正面印象，像提到的“商业化”，可以解读为古镇发展已经非常完善，符合人们对娱乐又便捷的旅游生活的要求。

撰写者还要十分了解当地的特色，在文中大力宣传这些特点，试想一下人们不远万里来到一个地方，不是为了体验在自家门口就可以体验到的事情，他们需要一个理由，我为什么值得舟车劳顿来到一个完全陌生的地方？毕竟，人们最后下定决心订下去往目的地的机票是需要一段时间思考的。旅游软文就是要在人们思考的这段时间里，说服他们订下机票。

不可否认，热爱旅游的人是对生活质量有一定追求的人，他们中不乏“文艺青年”，需要追求情怀，需要追求日常生活中所缺失的激情。旅游软文就要抓住这点，文笔要优美，尽可能的文艺，多谈些理想和情怀，创造一个乌托邦式的梦，让人们产生强烈的探索冲动。

旅游花费是人们最为关心的一个问题，当地物价贵不贵？景点收费合不合理？食宿费用贵不贵？在软文中，就不要回避这些问题，客观地告诉人们当地的消费情况，最好还能告诉人们各种节省花费的小窍门，让人们觉得这条旅游路线是物有所值的。

人们梦想去遥远的地方，期待着愉悦的假期和精彩的故事。软文可以详细地介绍这个地方，但是也不要忘了增加该地的神秘感，让人们有想要一看究竟的冲动，这需要充满诱惑力的图片配合优美的文字来增加宣传效果。不过图片不是多多益善，要有美感，具有张力，能表现出这个地方的特点。

同时，软文不要忘了人文宣传，多渲染当地的民俗文化，说一说当地人的性格特点，表现出他们温和有礼的一面，让旅客觉得即使出门在外也不怕人生地不熟遭遇被骗的事情。

食品行业的软文

食品行业的软文需要强调健康、营养、实惠。主营高级料理的话，还需要在软文中引入新概念的生活格调，输出一种“逼格”信息。如果条件允许，更要鼓励邀请美食名家来主笔，他们在行业的名声和影响力，更能增加食品软文的可信度。

一般食品行业的软文策划是针对餐饮品牌的不同主题阶段性地宣传推广。例如一个酱料品牌在进行软文策划时，一般分为三个阶段：第一阶段就是品牌影像的推广，像“老干妈”先以一位中年妇女的创始人形象去打响品牌知名度；第二阶段推广的就是品牌特色，加多宝就是通过强调自己是不上火的饮料来增加产品特性的；第三阶段就是产品宣传。

食品软文的体裁选取上，建议是新闻和用户体验式体裁，新闻体裁软文能够强调品牌的价值，并且以一种权威的方式说出它的食品安全和营养健康。用户体验的软文，就要着重介绍食物给客人的体验感受，从色香味出发来描述。

食品行业软文的标题，要避免使用否定词，就像为了强调，撰写者也许会写“我们的食物不添加任何有害元素”，许多读者的阅读习惯是直接忽略了那个“不”字，而看成了“我们的食物添加任何有害元素”，或者读者会认为这是心虚的表现，才会故意侧重这一点。标题要写得有针对性一点，不要一般化，也不要过于主观，措辞最好严肃点，对于食品行业，要小聪明的标题是不能获得人们的信任的。

在正文上，撰写者要考虑很多，像怎样才能让单调缺乏色彩的黑色字体表现出食物的色香味？怎样比电视广告更能让人垂涎欲滴？怎样才能让人们放心地食用这款食品？怎样让人们相信食品的营养价值？

就算你能妙笔生花，也不要通篇全是黑溜溜的字，一定要有配对的图片，图片要色彩浓烈，构图饱满，不要出现与食物无关的杂物，更不要出现人，不要以为图片增加一个对着食物大快朵颐的人，就会增加人们的食欲感，事实上反而会降低食物的吸引力。图片不需要很多，假如介绍不同的菜肴，就每款菜肴放上一张图片，但是不要每个菜肴都发上不同角度的照片，这样会让人产生厌倦感，一张能说明事实的图片就足够了。

为了增加阅读性，不妨在正文中添加菜谱或者是烹饪的小技巧，这样会吸引人来看，甚至收藏文章。但是菜谱不要穿插在正文里面，而是把它独立写出来，且尽量突出，引人注目。如果是推荐产品，可以多介绍新产品的信息和老产品的对比，并且告诉人们新产品已经做出了怎样的进步，还有新产品的新用法。

房地产行业的软文

一般的房地产行业软文的写作思路是：市场细分—卖点挖掘—主题概念—软文。经过市场调研明确市场的细分后，就要从地理位置、规划、配套设施方面明确优势，接着发掘和明确卖点，在写无论何种体裁的软文时随时植入卖点，让人们对房地产项目产生深刻的印象。

在整体结构上，房地产软文要熟知大众阅读的习惯，如果一个房地产项目提出非常概念化的理念，就需要写作者熟知当地的房地产环境，让理念转换成当地人所了解的概念。房地产软文的最终目的是“卖房子”，直观地从购房者的需求角度去表述概念，会让他们知道“为什么你需要买这房子”。除了具体细节和融合卖点外，还要注意清晰地表达因果关系，例如通风采光的前提是南北通透。如果没有事先点明这种逻辑关系，就会令不熟悉楼房结构的购房者感到困惑。

房地产项目在开放前期一定会做详细的市场调查，同时根据自身特点设计符合购房者需求的楼盘销售卖点。一般的房地产广告文案，为了加深潜在购房者的印象，会在楼盘广告的操作上提取出各个卖点的代表性营销主题，这个主题将会贯穿整个广告运作。这个主题文案会在户外、围墙、道旗上呈现，并且是直接贯彻，对于表现形式不同的楼书、海报也同样需要自始至终地贯穿到底，但是不能直接呈现主题而是融合主题于无形中，这点与写软文的要求是一样的。

在写作软文时，要注意字眼的使用问题。很多撰写者会忽视用词的正确性，毕竟整篇文章不可能字字斟酌其正确性。可是，字词的运用出现了错误，就会给人造成误解，甚至产生信任危机。特别需要注意的是人称的使用，如第一人称、第二人称、第三人称这几种人称要在软文中始终贯彻。例如，不少撰写者会对“你”和“您”的用法混淆，在软文中时而用“你”时而用“您”，混乱用词会造成敏感的购房者对开发商产生不真诚的印象。

至于数值上的使用，更是要慎之又慎了，例如之前开发商推出“首付1.5万元起”的活动，等活动结束就变为了“首付3万元起”，撰写者在提到首付时就要牢记究竟是“1.5万元”还是“3万元”。

语句的表达，就需要达到文笔通顺、没有病句的要求。另外，撰写者不要在软文上玩文字游戏，更不要使用生僻字，要以直白的手法体现项目的特点，彰显开发商的真诚。另外一个大忌就是忽视了接收者的文化水平，造词用句全是华丽的辞藻，让人们摸不着头脑。例如，有位撰写者为了想突出楼盘所在区域是繁华的市中心，就在文中形容该项目是“锦衣不夜行”，在此他引用了项羽的典故，可是他忽视了该项目的落户地不过是小县城，这个小县的人们普遍文化水平不高，并不能理解“锦衣不夜行”

的意思。

语句的表达应该是用凝练简单的句子，完整地表达出楼盘的特色卖点，大玩文字游戏却忽略了目标消费群体的阅读能力和水平，造成大众的误解反而收到弄巧成拙的反面效果。

在撰写软文的时候，要注意重点表述的卖点是什么。一个楼盘项目，会有很多特色卖点，撰写者必须要分清什么是主要的，什么是次要的。对于主要卖点，就不要吝惜笔墨，对其进行完整的阐述和表达，尽可能地进行深度挖掘。对于次要卖点，例如非项目本身的周边配套设施，就要多加衡量是否要加大笔墨详细说明，还是惜墨如金，点到即止。有时候，给购房者留下更多的思考空间，会吸引他们直接实地考察，通过实地体验来达到买卖目的。

如果项目楼盘卖点多，撰写者就不要平铺直叙一一罗列，而是阐述卖点功能和生活化的概念。房产地软文讲究客观和理性，不能夸大其词，言过其实，因此如何给潜在购房者留下深刻的印象，文案精彩与否就是非常重要的一个指标。文案的表述除了明确表述出卖点功能，还要具体地切入到生活中，例如周边配套设施中有附属学校，在文案中就不能简单地表述为离学校很近，而是升华为孩子升学前景好，甚至描述孩子将会拥有一步到位的名校资源。

总而言之，房地产软文更加讲究手法和创意的软文艺术，一位出色的软文撰写者必须还是一位优秀的售楼人员，善于在文章中推销出项目。